경제,

고칠 거
진짜 많다

경제, 고칠 거 진짜 많다

발행일	2022년 3월 7일

지은이	권의종		
펴낸이	손형국		
펴낸곳	(주)북랩		
편집인	선일영	편집	정두철, 배진용, 김현아, 박준, 장하영
디자인	이현수, 김민하, 허지혜, 안유경, 신혜림	제작	박기성, 황동현, 구성우, 권태련
마케팅	김회란, 박진관		
출판등록	2004. 12. 1(제2012-000051호)		
주소	서울특별시 금천구 가산디지털 1로 168, 우림라이온스밸리 B동 B113~114호, C동 B101호		
홈페이지	www.book.co.kr		
전화번호	(02)2026-5777	팩스	(02)2026-5747

ISBN	979-11-6836-212-3 03320 (종이책)	979-11-6836-213-0 05320(전자책)

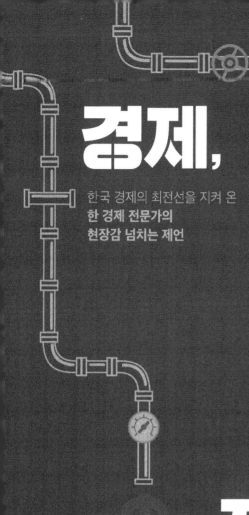

경제,

한국 경제의 최전선을 지켜 온
한 경제 전문가의
현장감 넘치는 제언

권의종 지음

고칠 거
진짜 많다

저출산·고령화, 부동산 문제, 민간·국가부채 급증 문제,
국민연금·고용보험·건강보험 등 사회 보장성 기금 문제, 일자리 빈곤, 취업난…

한국 경제를 멍들게 하는 대형 이슈들, 언제까지 미봉책으로 대응할 것인가.
이제 과감하게 메스를 들 때다!

북랩 book Lab

경제, 고칠 거 진짜 많다

경제가 피곤하다. 행색이 초라하고 남루하다. 코로나 팬데믹과 경기 불황의 와중에서도 경제가 선방하고 있다는 말은 정부만의 언어다. 곧이곧대로 믿는 자 많지 않다. 2022년 경제 전망을 놓고도 정부는 장밋빛이다. 일선 현장에서 바라보는 경제주체의 시각은 사뭇 다르다. 올 한 해도 절대로 호락호락하지 않으리라는 부정적 예상이 우세하다.

경제가 맥 빠진 연유를 꼼꼼히 짚어 봐야 한다. 정부가 자기중심의 생각에 집착, 변화를 내다보지 못하고 미래를 대비하지 못한 책임이 작지 않다. 정부 스스로 잘못을 인정하지 않았고 그늘진 모습을, 실체를, 사실을 그저 감추려다 보니 단지 공론화되지 않았을 뿐이다. 그동안 할 일이 태산 같았으나 이를 게을리한 탓에 경제에 숙제가 잔뜩 밀려 있다. 정책과 제도, 운영 전반에 걸쳐 손봐야 할 데가 한둘이 아니다. 고칠 게 진짜 많다.

국민이 먹고사는 문제를 책임질 의무가 있는 정부의 역할이 충분치 못했다는 얘기다. 정책과 제도가 기대만큼 기능하지 못했다는 방증이다. 정부는 탁상공론이자 전시 행정으로 만들어 낸 비효율적인 제도와 비현실적인 정책으로, 정치권은 자기과시의 오만과 시혜자로서의 뻣뻣한 태도로 민생을 괴롭히고 힘들게 했음을 누구도 부인하기 어렵다.

잦은 선거로 경제가 더 휘둘렸다. 득표만 의식한 선심 대책이 풍요를 이뤘다. 나라가 어찌 되든 경제가 어디로 가든 알 바 아니라는 식이었다. 그저 당선만 시켜 주면 가만있어도 다들 잘 살게 해 주겠다는 공수표 남발에 현기증이 돌았다. 출산, 취업, 재난, 방역, 자영업 등에 대한 무상 시리즈가 끝도 끝도 없었다. 바야흐로 21세기 신新유토피아가 이 땅 대한민국에 세워질 것 같은 착각에 빠지게 했다.

풍전등화의 한국 경제… 비효율, 비능률 넘쳐나고, 정부 실패, 정책 실패, 제도 실패 다반사

대선 후보가 하는 걸 보면 도무지 믿음이 가지 않았다. 여기서는 이 말 하고 저기서는 저 말을 해 댔다. 기업을 만나면 친기업, 노조를 만나면 친노동, 국민을 만나면 친서민을 외쳤다. 납세자에게는 세금을 깎아 주겠다 하고, 취약계층에는 재정지원을 늘리겠다고 널리 떠들어 댔다. 미래를 이끌 비전은 내놓지 못한 채 허황

한 공약으로 국민을 미혹하려 들었다. 언제적 구태를 여태껏 되풀이해 왔다.

그러기에는 당면한 경제 현실이 너무도 엄중하다. 넘어야 할 산이 많다. 위험요인이 곳곳에 도사리고 있다. 대저 악재는 혼자 오지 않는 터. 미·중 무역 마찰, 글로벌 가치사슬 재편, 코로나 사태 장기화까지 거시경제의 격랑이 한꺼번에 몰려오고 여기에 인플레이션 지속, 원자재 가격 상승, 증시 변동성 확대, 각국 중앙은행 금리 인상 등의 기조가 위협적이다. 자산 가격 하락과 부채 위기, 통화가치 불안정도 부정적 변수로 작용할 소지가 크다.

기술 경쟁 또한 뜨겁다. 기술 주권을 넘어 기술 패권의 시대를 맞이하고 있다. 산업 간 융복합, 디지털 융합이 가속화하면서 산업 판도는 물론 국가 운명을 바꿀 신기술 개발 경쟁이 한창이다. 국가건 기업이건 미래 기술을 선점하는 쪽이 모든 걸 차지하는 뉴노멀 시대가 본격화되고 있다. 미국과 유럽연합EU, 중국, 일본 등 선진 주요국이 반도체, 바이오, 배터리 등 핵심 기술 공급망을 자국 역내로 재편하려는 시도는 승자독식을 노리는 도발적 야욕의 한 단면에 불과하다.

한국 경제의 지금 모습은 어떤가. 겉모습은 화려하기 그지없다. 경제협력개발기구OECD의 일원의 반열에 어엿이 올라 있다. 국민소득 3만 5,000달러 수준의 부강한 나라가 됐다. 세계가 부러워한다. 그래도 선진국이라는 칭찬을 받을 만큼 정치, 사회, 문화 등 제반 영역에서 품격을 갖추었다고 자신하기 어렵다. 경제 역시 마찬가지다. 산업화의 길을 질풍노도처럼 달려 제조 강국에 이르렀으나, 인공지능, 생명과학, 우주산업과 같은 첨단기술에서 비교 우위를 점하지 못하고 있다.

한국 경제, 겉으론 부강해졌으나… 개발도상국 틀에 갇혀 선진국 모드로 진화 이뤄 내지 못해

그도 그럴 것이 경제의 틀이 낡아져 있다. 4차 산업혁명과 글로벌화 급진전 등 빠른 환경 변화에 제대로 부응하지 못하고 있다. 비효율과 비능률이 드러나고 불공정과 무원칙이 넘쳐나고 있다. 정부 실패, 정책 실패, 제도 실패가 다반사를 이룬다. 조금만 주의 깊게 돌아보면 성한 데가 별로 없다. 제대로 돌아가는 곳이 그리 많지 않다. 수술대에 올려져야 할 과제가 수두룩하다. 난제가 지천으로 널려 있다.

저출산·고령화는 무관심에 가깝다. 투기 잡는답시고 미숙한 대응으로 집값만 잔뜩 올려놨다. 시급한 연금 개혁은 다음 정부로 슬그머니 미뤘다. 국민연금, 고용보험, 건강보험 등 사회 보장성 기금은 말라 간다. 민간·국가부채 급증은 대한민국이 '부채공화국'임을 자인했다. 후진적 관치는 금융산업을 우물 안 개구리로 만들었다. 낙하산 인사와 빚 덤터기에 공기업은 '공쏠기업'이 되었다. 과도한 규제, 징벌적 조세는 기업을 주눅 들게 하고 기업가정신을 퇴화시켰다.

문제가 어디 이뿐이랴. 나랏돈으로 공들인 창업은 잇단 폐업으로 줄줄 샌다. 일자리 빈곤은 취업난으로 직결되고 있다. 폐업과 실업 증가는 구직과 실업급여 행렬을 길게 늘어뜨렸다. 경자유전耕者有田에 갇힌 답답한 농업은 직불금으로 연명하는 실정이다. 성급한 위드 코로나는 확진자를 늘리고 자영업 손실을 키워 왔다. 부익부 빈익빈의 양극화는 해소는커녕 갈수록 심해진다. 강한 체질로 무장해 글로벌 전장戰場을 헤쳐 나가야 할 경제가 약골로 변해 가고 있다.

농사에서 토질이 나빠지면 토양을 개량해야 한다. 땅을 깊이 갈아 흙을 뒤집어엎는 심경深耕이 유효하다. 깊이 갈수록 뿌리가 잘 뻗어 수분과 양분을 잘 흡수한다. 잡초의 종자를 깊이 묻어 제초하는 노력을 덜어 주고, 이어짓기 폐해와 병충해 발생을 억제해 준다. 생산성을 올리고 품질을 높이는 커다란 유익을 가져다준다. 경제도 농사와 같다. 체질을 개선하려면 기존의 정책과 제도를 확 바꾸고, 낡은 관행과 사고를 싹 뜯어고쳐야 한다.

경제도 농사와 같아… 체질 개선하려면 정책과 제도 확 바꾸고, 관행과 사고 싹 뜯어고쳐야

경제의 틀을 지금의 개발도상국 모델에서 선진국 모드로 표변豹變해야 한다. 경제의 초라한 모습은 어찌 보면 우리 모두의 슬프고도 일그러진 자화상이나 다름없다. 우리 각자가 경제의 주체이자 객체인 때문이다. 따라서 경제의 문제는 정부나 정치권만의 문제가 아니라, 모두가 같이 풀어야 할 공동의 과제인 것이다.

정부는 정부대로 이를 장피하고 낭신스러운 일로 여기거니, 감정적으로 받아들여서는 정말 곤란하다. 아프지만 지적을 고맙게 여기고 마음으로 받아들이는 겸허하고 성숙한 자세를 보여야 한다. 나아가 능동적이고 자생적인 경제 발전을 기할 수 있는 발판으로 삼는 지혜를 발휘해야 한다. 이는 선진적 정부, 성숙한 경제를 떠받치는 튼실한 주춧돌이 될 것이기 때문이다.

『경제, 고칠 거 진짜 많다』라는 다소 격하고 직설적인 제호를 내건 이 책에서는 우리 경제 안팎의 어두운 현실과 그늘진 형태, 낙후된 경제의 틀을 마음먹고 담아내고자 했다. 다른 말로 표현하면 지금까지 가려지고 감추어졌고 앞으로 손보고 고쳐야 할 경제의 모습을, 실체를, 사실을 세상에 알리려는 것이다.

경제 문제는 모두가 함께 풀어야 할 공동의 과제… 우리 각자가 경제의 주체이자 객체인 때문

1부에서는 나라 경제의 과거와 현재를 돌아보고 미래 조망을 시도했다. 개도국의 낡은 틀을 떨치고 강대국 모드로 과감히 표변豹變하길 주문했다. 2부에서는 정부와 정책의 취약점을 지적하고, 정부가 정부답게 굴고 정책을 정책답게 펼 것을 당부했다. 3부에서는 제도와 운영의 허실을 집중적으로 건드리며 양심 경영을 호소했다. 의도만 좋으면 안 될 것도, 못 될 것도 없음을 힘줘 말했다.

이어 4부에서는 산업과 기업의 비효율을 짚어 보고 효율 경영의 필요성과 당위성을 강조하려 했다. 명분보다 실리를, 득표보다 민심을 구할 것을 신신당부하려 했다. 5부에서는 한국 금융의 폐쇄성과 관치금융의 후진성을 꼬집고 우물 안 개구리에서 바다거북으로 진화하는 글로벌 경영을 재촉했다. 마지막 6부에서는 경제에 대한 의식과 행태의 폐쇄성을 반성하며, 크게 생각하면 큰 일이, 좋게 생각하면 좋은 일이 생긴다는 사실을 상기시켰다.

누구보다 경제를 더 잘 알고, 또 관심과 애착을 가진 사람으로서 더 늦기 전에 분명하게 존재하는 사실과 진실을 얘기해야 한다는 안타까움과 절박감이 참 많았다. 누군가는 경제에 내재된 뻔한 잘못들을 단호하게 지적하고 모질게 고치려는 악역 아닌 악역을 기꺼이 감당해야 한다는 생각이 들었다. 들어 줄 사람이 없을지라도 광야의 언어로 천둥 같은 인식의 스파크로 시야의 조망을 터 보려 했다.

정부 실패, 정책 실패, 제도 실패에 가려진 엄연한 사실이 현실로서 분명 존재함을 세상에 알리고 싶었다. 이 책을 쓰기로 마음먹은 이유다. 이 책을 통해 당연히 존재하는 경제의 '성과 알리기'도 좋지만, '문제 들추기'에 모두가 동참하도록 호소하고 싶다. 경제를 바로 세우고 강한 국가의 기틀을 튼튼히 다지려면 이 정도의 아픔과 수고쯤은 진작에 각오했어야 했다. 그래야 너도 살고 나도 살고, 경제도 살고 우리나라도 살기 때문이다.

2022년 3월
새 정부가 경제 곳곳의 음지를 양지로 바꿔 주기를 바라면서
권의종

P.S.
이 책은 약 1년에 걸쳐 썼다. 글 쓴 시점의 상황을 살리고 싶어 출판 시점에 맞춰 다시 고쳐 쓰지 않았다. 대신 글마다 말미에 작성 일자를 표기했음을 알려 드린다.

목차

제1부

나라와 경제:
미래까지 경영하라

개도국 틀 벗고 강대국 모드로 표변하라

제1장
경제학자들이 왜 저렇게 불이 났나

펀더멘털 과신하다 위기 겪은 과거 쓰라림 되새겨야… 위기는 선제적 대비 말고는 답 없어

스승의 매는 묘약妙藥이다. 신통한 효험이 있다. 다 제자 잘되라는 회초리인지라 맞아도 아프지 않다. 섭섭함이나 원망은커녕 교훈으로 두고두고 되새김한다. 작금의 교육 현실에서 체벌을 언급하는 자체가 부적절한 언사일 수 있다. 그런 뜻이 아니다. 진리는 시공을 초월하는 법. 기실 돌아보면 스승의 가르침이 필요한 곳은 주변에 널려있다. 나라 경제를 책임지는 정부 당국에도 긴요한 필수 덕목인지 모른다.

스승들이 뿔났다. 단단히 화가 났다. '2022 경제학 공동학술대회'는 한국 경제에 대한 성토장 같았다. 위기를 이구동성으로 경고했다. 김인준 서울대 명예교수는 "대선 정국이 치열해지는 가운데 정치권이 선심성 공약을 남발하고 있다"라며 추경 증액을 강압

하는 정치권을 매섭게 질타했다. 재원과 형평성을 고려하지 않은 채 선별 지원은 물론 전 국민 재난지원금까지 마구잡이로 돈만 풀겠다는 행태를 포퓰리즘의 전형으로 비판했다.

이게 현실화하면 한국 경제는 일본의 '잃어버린 30년' 못지않은 장기 침체에 빠질 수 있다는 우려를 감추지 못했다. 함준호 연세대 국제대학원 교수는 정부와 민간부채에 대한 우려감을 표시했다. 정부의 씀씀이가 확대돼 재정 적자구조가 굳어졌다면서 정부 부채를 더 효율적으로 관리하는 재정 준칙 도입이 절실함을 피력했다.

국가채무비율은 2018년 35.9%에서 지난해엔 47.3%로 치솟았고 2022년은 50%를 넘길 것으로 내다봤다. 또 국내총생산GDP 대비 254%까지 올라간 한국의 정부·민간부채(매크로 레버리지) 수준은 이미 임계치 수준을 넘어선 상황이어서 선제적 관리가 다급함을 지적했다. 국제통화기금IMF 또한 민간부채의 20%가량에 대해 잠재적 부실화 가능성이 있다는 진단을 이미 내린 바 있다.

'뿔난' 경제학자들… '2022 경제학 공동학술대회'는 한국 경제에 대한 질타로 가득한 성토장

황순주 한국개발연구원KDI 연구위원은 재정건전성 악화가 금융 혼란으로 이어질 것을 걱정했다. 재정건전성이 나빠지면 글로벌 금융시장이 한국과 은행의 부도 가능성을 크게 보고 신용부도스와프CDS 프리미엄을 올림으로써 국채의 최대 투자자인 은행의 자산건전성이 악화해 부도 위기가 발생할 수 있음을 우려했다. 은행 줄도산으로 금융위기에 이를 수 있다는 경고다. 그러잖아도 저출산·고령화의 여파로 재정건전성과 금융건전성이 갈수록 나빠지고 있다.

한국 경제가 어려움에 부닥쳐 있는 것은 다들 체감하는 사실이다. 코로나 사태 이후 종전의 이론과 규범이 통하지 않는 뉴노멀New normal 시대에 접어들었음을 실감케 한다. 실제로 새로운 형태의 위기가 고개를 들고 있다. 매년 10% 가까운 재정지출 증가에도 2022년 경제성장률이 3.0% 달성도 힘겹다. 경기부양 효과가 미미하다. 일자리 증가는 부진의 늪에 빠져 있다. 여기에 물가만 오르고 성장은 내리막길로 접어드는 스태그플레이션 우려마저 커지고 있다.

정작 유념해야 할 부분은 학자들의 경고에 이어 나온 고언苦言이다. 한국경제학회는 한국 경제가 풀어야 할 7대 과제를 제시했다. 학회 정회원을 상대로 하나하나 조사한 내용이다. 생산성 향상 및 신산업 육성, 저출산 문제, 부동산 시장의 수급 균형과 부동산 가격의 연착륙, 잠재성장률 제고, 가계부채 문제, 소득 불평등 문제, 국가부채 문제 등이다.

특히 부동산 시장 수급 균형과 부동산 가격 연착륙의 필요성을 강조했다. 만일 일본의 1990년대 부동산 가격 폭락과 비슷한 사태가 발생한다면, 한국 경제에 치명적이고 장기적인 피해를 안겨 줄 것으로 예측했다. 평균적인 근로자가 월급을 모아 집을 사는 게 사실상 불가능해졌고, 자산 불평등이 한층 심화했으며, 세대 갈등까지 빚어지고 있다면서 수급을 정상화해 가격이 서서히 내려갈 수 있게 하는 게 무엇보다 긴요함을 역설했다.

위험 요인 짚어 주는 학계 진정성에 감사해야… 그게 공직이 취할 자세이자 위기 극복 지름길

가계부채 해결도 주요 과제로 꼽았다. 2002년 465조 원이던 가계부채는 연평균 7.6%씩 증가해 2020년 1,728조 원으로 급증했다. 앞으로 금리가 올라 이자 부담이 커지면 상환 불능에 빠지는 가계가 늘고 이에 따라 금융기관 부실화가 커질 것을 우려했다. 또 향후 부동산 가격이 하락하면 가계대출 담보가치가 줄어 집을 팔아도 빚을 못 갚는 상황이 발생하고, 이 또한 금융 부실화로 이어질 수 있음을 걱정했다.

국가부채 또한 긴급 현안으로 진단했다. 1997년 국내총생산 GDP 대비 11.4%였던 국가채무비율이 2020년 43.8%로 늘었고, 2022년에는 50%를 넘어설 것으로 추산했다. 국제적으로 비교하면 우리 국가부채는 그리 높지 않은 듯하나, 우리의 독특한 회계 방식으로 국가부채가 과소평가되는 점을 부연했다. 또 단기성 고용이나 선심성 복지지출에 정부부채가 집중된다면 장기적으로 재정건전성 회복이 어려울 거라는 전망도 덧붙였다.

정부부채 증가는 국가신용도 결정에 장애 요인으로 작용하고, 현세대의 후생을 높이기 위해 후세대에 부담을 떠넘기는 행위로서 바람직하지 않다면서, 정부부채가 장기적으로 경제에 실질적인 피해를 주게 되는 점도 함께 언급했다. 이 밖에도 학회는 소득 불평등 문제와 잠재성장률 제고, 저출산, 생산성 향상 및 신산업 육성 등을 한국 경제가 풀어야 할 과제 목록에 올렸다.

좋은 말은 귀에 거슬린다. 듣기 싫다고 흘려듣다 큰일 난다. 스승이 어떤 존재인가. 가르쳐 인도하는 역할자이다. 학문 연구를 통한 사회 발전을 소명으로 여기는 학자들이 무슨 억하심정으로 틀린 말을 하겠는가. 간과했던 위험 요인을 일일이 짚어 주는 진정성에 되레 감사할 일이다. 그게 공직이 취할 자세이자 위기 극복의 지름길이다. 펀더멘털fundamental을 과신하다 겪어야 했던 지난날의 쓰라린 경험을 되새겨야 한다. 위기는 선제적 대비 말고는 답이 없다. (2022. 2. 15.)

제2장
지나친 정부 개입, 지난至難한 시장경제

정부 개입 실패, 더는 반복돼선 안 돼… 시장경제는 말 그대로 '시장이 먼저, 정부는 나중'

소상공인 간편결제시스템, 제로페이가 좋다. 가맹점 가입 혜택이 많다. 가입비가 없다. 상시근로자 수 5인 미만, 전년도 매출액 8억 원 이하면 결제수수료가 0%다. 소비자에 돌아가는 이점도 크다. 연말정산 때 30% 소득공제를 받을 수 있다. 신용카드 15% 공제 대비 월등하다. 제로페이 신장세가 두드러진다. 가맹점 수 140만 개, 결제액 3조 5,000억 원, 가맹점 수수료 절감액이 290억 원에 이른다.

제로페이 혜택은 이 말고도 또 있다. 10% 할인율로 발행되는 지역사랑상품권을 살 수 있다. 애물단지였던 지역 상품권의 인기가 급상승한다. 상품권 발행 지방자치단체가 2018년 66곳에서 2021년 232곳으로 늘었다. 같은 기간 판매액도 3,700억 원에서 17조

3,000억 원으로 뛰었다. 농할상품권, 수산대전상품권, 한우사랑상품권은 최대 30% 할인 판매된다. 시중은행 1년 만기 정기예금 금리가 기껏해야 연 2% 수준인 점에 견주어 보면 실로 큰 메리트다.

서울특별시도 자치구별로 서울사랑상품권을 10% 싸게 판다. 100만 원어치 상품권을 90만 원이면 산다. 나머지 10만 원은 정부 예산으로 보전된다. 먼저 쓰는 사람이 임자다. '눈먼 돈'이다. 서로 쓰려 난리일 터. 현실은 딴판이다. 강남, 서초, 송파, 양천 등 이른바 부자 동네는 인터넷 발매 순간 상품권이 동난다. 경제력이 상대적으로 뒤지는 자치구에서는 정반대 상황이 빚어진다. 발매 후 한참이 지나도 상품권이 안 팔리고 남아있다. 부익부 빈익빈이다.

정작 더 큰 문제는 따로 있다. 정부예산을 지원받은 제로페이가 신용카드 시장을 빼앗고 있다. 제로페이에 본업을 침범당한 카드사는 손실 만회를 위해 고금리 카드론 시장에 뛰어든다. 2022년 1월부터는 DSR(총체적상환능력비율) 규제 강화로 더 높은 금리로 자영업자대출, 현금서비스 시장을 공략한다. 소상공인 돕자는 제로페이가 되레 이들을 힘들게 한다. 소비 촉진을 위한 지역사랑상품권도 서민보다 부자를 더 이롭게 한다. 모순과 역설이다.

소상공인·서민 돕자는 제도가 되레 이들을 힘들게 해… 과도한 가격통제로 시장 기능 무너져

관치官治의 홈그라운드는 금융권이다. 정부의 대출 규제에 금리

왜곡이 다반사다. 은행권에서 밀려난 중·저신용자가 주로 찾는 제2금융권의 금리가 제1금융권보다 높은 게 일반적 현상이다. 현실에서는 이와 반대되는 경우가 흔하다. 시중은행 대출금리가 제2금융권 상호금융 금리보다 높은가 하면, 시중은행의 주택담보대출 변동금리가 고정금리보다 높아지는 기현상이 낯설지 않다.

정부는 자본시장 개입도 마다치 않는다. 기업공개IPO 때 증권신고서를 반려하는 방식으로 공모가 인하를 유도한다. 정부 개입에 부담을 느낀 기업은 공모가를 내리곤 한다. 상장 첫날 공모가 대비 160% 상승하는 '따상'이 흔한 이유다. LG에너지솔루션의 기관투자가 수요예측에 1경 원의 기록적 금액이 몰린 것은 시장 왜곡의 한 단면에 불과하다. 단기 차익을 얻은 투자자는 빠져나가면 그만이나 기업은 더 많은 자금을 확보할 기회를 놓치는 셈이다.

공기업도 정부 통제의 치외법권 지대가 아니다. 한국전력은 정부의 가격 개입으로 수익을 제대로 못 내고 있다. 원래 물어야 할 금리보다 더 많은 이자를 내며 자금을 조달한다. 이자 부담 증가는 결국 요금 인상으로 이어진다. 연료비 움직임에 따라 전기요금을 책정하는 '연료비 연동제'가 2021년 1월 도입된 이유다. 하지만 당시 서울시장과 부산시장 재·보궐선거로 조정 단가가 동결됐다. 최근에도 3월 대선 이후로 전기요금 인상이 미뤄지며 흐지부지된 상태다.

정부는 민간 영역에까지 간섭의 손길을 뻗친다. 무리한 가격통제로 주유소 시장이 제 기능을 못 하고 있다. 정부가 돈을 대는 알뜰주유소에 민간 주유소가 밀려나는 추세다. 2016년 1만 1,899 곳이던 국내 주유소는 지난해 말 1만 1,142곳으로 5년 만에 757 곳이 문을 닫았다. 같은 기간 알뜰주유소는 108곳이 늘어 민간의 빈자리를 정부 지원 주유소가 대체하고 있다.

정부 개입 필요하나 일시적·최소화돼야… 가격을 오랫동안 지나치게 짓누르면 부작용은 필연

알뜰주유소 부상의 이면에는 정부 지원이 있다. 공기업인 석유 공사가 정유업체로부터 싼 가격에 기름을 입찰받아 대량 구매한 뒤 거의 이문을 안 남기고 알뜰주유소에 공급한다. 그 덕에 알뜰 주유소는 일반 주유소보다 리터당 100원 이상 저렴하게 판매한 다. 소비자가격 안정을 위한 불가피한 조치라는 정부 측 설명이나 수긍하기 어렵다. 노골적인 정부 개입에 일반 주유소가 벼랑 끝에 내몰리고 있다.

정부 개입의 폐해로 따지면 부동산 시장만 한 곳이 있을까. 정부 가 27차례에 걸쳐 시장 개입 정책을 쏟아냈으나 백약이 무효였다. 약이 아닌 독이 되고 말았다. 떠올리기조차 부담스러운 실패 시리 즈였다. 임대차 3법을 강행하자 전·월세 시장에 대혼란이 빚어졌 다. 분양가상한제 시행은 민간아파트 공급을 지연시키는 부작용 을 불렀다. 전세대출 제한은 월세가 상승의 기폭제로 작용했다.

영국의 고전파 경제학자인 애덤 스미스는 명저 『국부론』에서 시장에서 결정되는 가격은 외부 간섭 없이도 수요와 공급을 일치시키는 기능을 가진다고 설파했다. 경제는 가격의 자동 조절 기능인 '보이지 않는 손'에 의해 조화를 이루며 발전한다는 논리를 폈다. 틀린 말은 아니나 맞는 말도 아니다. 필요하면 정부가 시장에 개입하는 게 맞다. 공급과 수요의 균형이라는 보이지 않는 손이 가격을 결정하도록 내버려 두기에는 당면한 경제 환경이 그렇게 호락호락하지 않다.

다만, 정부 개입은 일시적이고 최소화돼야 한다. 가격을 지나치게 오랫동안 짓누르면 부작용은 필연적이다. 한국 경제는 그동안에도 이런 현상을 수도 없이 경험했다. 국민 고통을 키우는 정부 개입의 시장실패가 더는 반복돼선 안 된다. 지금까지 겪은 시행착오와 치른 대가로도 족하다. 시장경제는 말 그대로 시장이 먼저고 정부는 나중이다. 잘못 끼어들면 사고만 난다.(2022. 2. 11.)

제3장
몰려드는 '회색 코뿔소', 막을 준비 돼 있나

경제가 어려움 안 당하려면… 잠재 위험을 적시 탐지하고 정확히 분석, 선제적으로 차단해야

경제가 '동물의 왕국' 같다. 경제용어 가운데 동물에 비유한 표현이 많다. 블랙스완Black swan이 먼저 연상된다. 17세기 말 호주를 방문한 유럽인들이 검은 백조를 발견했다. 이들이 본국으로 돌아가 검은색 백조에 관해 말했으나 아무도 믿으려 들지 않았다. 이때부터 검은 백조는 '존재하지 않거나 불가능한 일이 실제 발생하는 것'이라는 표현으로 사용됐다. 2007년 경제학자 나심 탈레브가 『블랙스완』이라는 책을 발간하면서 이 용어가 널리 퍼졌다.

'캐시카우Cash cow' 유래도 흥미롭다. 젖소는 한 번 사서 잘 키우기만 하면 우유를 팔아 계속 돈벌이를 할 수 있다. 그래서 '돈을 더 들이지 않고도 안정적으로 계속 돈을 벌어다 주는 것'을 캐시카우라 부르게 됐다. 미국 보스턴 컨설팅 그룹에서 이미 시장을 장악하고 있는 사업을 가리킬 때 이 용어를 썼다. 그 후 더 발전하거나 급격히 성장하지는 않지만, 꾸준하고 오래도록 이익을 가져다주는 상품이나 사업을 일컫는 말이 됐다.

'펭귄효과Penguin effect'도 널리 쓰이는 용어다. 펭귄은 먹이를 구하기 위해서는 바닷물 속으로 뛰어들어야 한다. 하지만 천적에 대한 두려움 때문에 빙산 끝에서 눈치만 보고 모여 있다. 그러다가 한 마리 펭귄이 용기를 내 바닷물로 뛰어들면 나머지 펭귄들도 잇따라 뛰어든다. 이런 습성에서 비롯돼, 구매에 확신을 갖지 못하다 다른 사람이 사면 따라 구매하는 행태를 펭귄효과라 부르게 됐다.

'불마켓Bull market'과 '베어마켓Bear market'도 유명 개념이다. 불마켓은 장기간에 걸친 주가 상승이나 강세장을 뜻한다. 황소가 뿔을 아래에서 위로 올리며 상대를 들이받는 모습에서 유래됐다. 반대로 베어마켓은 곰이 싸울 때 아래로 내려찍는 자세로부터 나왔다. 대세 상승장이 끝나고 주가가 장기적으로 위에서 아래로 하락하는 약세장을 가리킨다.

경제는 '동물의 왕국'··· 블랙스완, 캐시카우, 팽귄효과, 불·베어마켓 등 동물 비유 용어 다수

'회색 코뿔소Gray rhino'까지 등장했다. 덩치가 큰 코뿔소는 멀리서도 눈에 잘 띄고 진동만으로도 움직임이 쉽게 감지된다. 다가오는 게 보이면 얼른 피할 방법을 찾아야 하나 가만이 손 놓고 있다 속수무책으로 당하는 상황을 의미한다. 세계정책연구소World Policy Institute 대표 미셸 부커가 2013년 나보스포럼에서 처음 사용한 개념이다.

회색 코뿔소가 중국 경제에 나타났다. 비금융 제조업 부채, 지방정부 부실, 부동산거품, 그림자금융 등 총 네 마리나 된다. 국유기업의 잇따른 채무불이행 선언은 중국 경제의 회색 코뿔소가 보내는 경고음이라는 시각이다. 중국 시장정보업체 윈드에 따르면, 지난해 중국에서 발생한 기업 채무불이행은 총 2,306억 위안으로 집계됐다. 또 국제금융협회IIF는 지난해 3분기 중국의 총부채가 국내총생산GDP의 335%에 달했다고 분석했다.

우리라고 안전지대일까. 그렇지 않다. 대한민국에도 코뿔소 경계령이 내려졌다. 2021년 9월 기획재정부가 주관한 거시경제 금융회의에서 경제부총리가 힘주어 언급한 키워드가 다름 아닌 회색 코뿔소였다. 올 들어서도 금융위원장이 우리 경제를 "멀리 있던 회색 코뿔소가 가까이 다가오기 시작하는 상황"으로 표현했다. 한국 경제가 당면한 위험 요인이 그만큼 크고 심각하다는 방증이다.

가장 경계해야 할 코뿔소는 가계부채다. 우리나라 가계부채가 세계에서 가장 빠르게 늘고 있다. 이는 국제결제은행BIS이 발표한 민간부문 부채위험도를 나타내는 신용갭Credit-to-GDP gaps을 통해서도 확인된다. 한국은 2020년 말 기준 18.4%로 해당 통계작성이 시작된 1972년 이후 최고치를 기록했다. 전년 말보다 세 배 가까이 상승했다. 주요 43개국 중 세계 7위로 단숨에 뛰어올랐다.

한국 경제에 위협적인 회색 코뿔소… 가계부채, 물가상승, 미·중 갈등, 미국 자산매입축소 등

물가상승도 위험한 코뿔소다. 2021년 12월 소비자물가상승률이 전년 동월 대비 3.7% 뛰었다. 10년 만에 최고치다. 공업제품, 서비스, 농·축·수산물, 전기·가스·수도 등 모든 부문이 상승했다. 농산물 및 석유류 제품을 제외한 지수 역시 같은 기간동안 2.7% 상승했다. 오르지 않은 게 없다는 표현이 과장이 아니다. 앞으로가 더 문제다. 고물가가 장기화할 거라는 전망이 주류를 이룬다.

또 다른 코뿔소는 미국의 자산매입축소 가속화와 금리 인상을 꼽을 수 있다. 미국 연방준비제도Fed의 자산 매입 축소, 즉 테이퍼링이 속도를 내고 있다. 여기에 더해 미국 중앙은행이 돈 풀기를 중단하는 시점을 6월에서 3월로 앞당기고 금리 인상도 올해 최고 4차례까지 가능하다는 언급을 했다. 제롬 파월 미 연방준비제도 의장은 최근 기준금리 추가 인상 가능성을 내비치며 통화정책 정상화의 시그널을 계속 내고 있다.

미국이 금리를 올리면 신흥국은 달러 유출로 몸살을 앓곤 한다. 2013년 긴축발작Taper Tantrum이 대표적 사례. 아시아 신흥국의 경우 이번에는 경상수지가 양호하고 외환도 넉넉히 쌓여 과거와는 다를 거라는 분석도 있기는 하다. 그렇다고 안심은 금물이다. 코로나 위기 대응 과정에서 빚이 많이 늘어나 국제금리 인상이 아시아 경제의 회복세를 둔화할 가능성이 크다는 게 전문가의 경고다.

한국 경제를 위협하는 코뿔소는 이 말고도 여럿이다. 중국 경기 둔화, 미·중 갈등, 증시 변동성 확대, 코로나바이러스 감염증, 정치권 포퓰리즘 등이 올해 침입이 예상되는 코뿔소들이다. 언제 들이닥칠지 모를 이들 불청객을 막아 내지 못하면 경제가 힘들어진다. 뻔히 눈 뜨고 당하지 않으려면 잠재 위험을 적시에 탐지하며 정확히 분석, 선제적으로 차단하는 수밖에 없다. 코뿔소 따위도 물리치지 못한다면 어찌 선진 경제라 말할 수 있겠는가. (2022. 1. 21.)

제4장
검은 호랑이해,
'호의호식 호好시절'을 소망하며

올 범띠 해만큼은 펜데믹 극복과 경기회복으로… 경제가 의연한 호랑이의 기개를 한껏 떨치길

해가 또 바뀌었다. 임인년壬寅年의 새 동이 텄다. 원단을 맞고 보면 으레 지난 한 해 동안의 다사다난을 회고하며 저마다 야심 찬 계획과 간절한 소망을 담는 일년지계一年之計를 호기 있게 세우곤 한다. 그렇지만 그게 어디 말처럼 쉬운 일인가. 당장 지척의 시계조차 분간키 힘든 불확실한 시대 상황의 면전에서 마음은 원이로되 육신이 약할 따름이다.

기업인이나 경제인으로서도 사뭇 신중하게 마음가짐과 자세를 가다듬고 한 해의 경영계획을 떠올려 보지만, 개략적 밑그림조차 선뜻 그려 내기가 여간 힘든 게 아니다. 그럴 바에는 차라리 온고지신의 혜안을 부릅뜨고 지난날 범띠 해에 일어났던 여러 가지 일들을 하나하나 되짚어 보고 이를 토대로 앞날을 더듬어 보는 것도 상책은 못될지언정 차선지책 정도로는 충분할 성싶다.

지금으로부터 100년 전 범띠 해로 가서 서늘터 가 보지. 1926년 병인년丙寅年에는 우선 6·10 만세 운동의 기억을 더듬게 된다. 그해 6월 10일, 조선 제27대 임금이자 대한제국 마지막 황제 순종의 장례일을 기해 수많은 학생을 중심으로 만세 시위가 일어났다. 일본 제국주의 타도를 외쳤던 만세 운동은 전국으로 퍼져 고창, 원산, 개성, 홍성, 평양, 강경, 대구, 공주 등지에서도 대규모 운동이 일어났다.

1938년 무인년戊寅年. 일본 제국이 국가총동원법을 공표했다. 1937년 중일 전쟁을 일으킨 일본이 전력을 집중하기 위해 인적 물적 자원을 동원, 통제할 목적이었다. 전시에는 노동력, 물자, 자금, 시설, 사업, 물가, 출판을 완전 통제하고, 평시에는 직업능력 조사, 기능자 양성, 물자 비축을 명령했다. 이 법은 일본 본토는 물론, 일제 강점기 조선과 타이완, 만주국에도 적용됐고, 일본이 패망한 이후 1946년 4월에야 완전히 폐지됐다.

온고지신의 혜안 부릅뜨고 과거사 되짚어 보고… 앞날 더듬는 일년지계一年之計 세우자

그해 유럽 대륙에서는 나치 독일이 독일 민족이 다수 거주하는 오스트리아와 체코슬로바키아를 합병함으로써 중부 유럽 대부분을 손아귀에 넣었다. 이를 시작으로 이듬해인 1939년에는 소련과 독소불가침 조약을 맺고 이어 폴란드를 침공했다. 이게 그 무서운 제2차 세계대전의 서막을 알리는 신호탄이 될 줄이야.

1950년 경인년庚寅年에는 새해 벽두인 1월 12일, 미 국무장관 딘 애치슨이 '애치슨라인Acheson line'을 선언했다. 미 상원 외교위원회의 비밀회담에 참석한 애치슨은 미국의 극동 방위선이 타이완의 동쪽 즉, 일본 오키나와와 필리핀을 연결하는 선이라고 발언했고, 이는 이틀 후 발표됐다. 그 결과 대한민국과 중화민국, 인도차이나반도가 미국의 방위선에서 사실상 제외됐고, 그리고 몇 달 후 6월 25일 북한의 남침으로 이 땅 한반도에서 전쟁이 발발했다.

이어 1962년 임인년壬寅年. 정부는 제1차 경제개발 5개년 계획을 정식 공포했다. 특히 농업 부문의 개발에 중점을 뒀다. 농업개발을 위한 기본 정책 목표로 농업근대화와 농업소득 향상, 식량 증산을 통한 자급자족의 확립 등을 설정했다. 농촌진흥청 및 산하단체, 각 농과대학을 통해 농업기술 연구를 추진하고 이렇게 획득한 기술을 농민에게 널리 보급했다. 또 1948년 정부수립 후 공용연호로 사용해 오던 단군기원을 서력기원으로 변경했다.

1974년 갑인년甲寅年은 큰 정치적 사건이 잦았다. 미 대통령 닉슨의 재선을 획책하는 비밀공작반이 워싱턴의 워터게이트빌딩에 있는 민주당 전국위원회 본부에 침입, 도청 장치를 설치하려다 발각되어 체포되는 워터게이트 사건이 터졌다. 이로 인해 닉슨 정권의 선거방해, 정치헌금의 부정·수뢰·탈세 등이 드러났고 닉슨은 대통령직을 사임했다. 국내에서는 광복절 기념행사장에서 재일동포 문세광이 박정희 대통령을 살해하려다 영부인 육영수를 저격하는 사건이 발생했다.

범띠 해라 해서 다른 해보다 애사 많았을 리 없어… 과거사 아픔 들춰내 새해 액땜을 대신

여기에 1986년 병인년丙寅年에는 서울에서 제10회 아시안게임이 열렸다. 대한민국의 발전된 모습을 전 세계에 알리는 호기가 됐다. 아시아올림픽평의회의 36개 회원국 중 27개국에서 4,839명이 참가, 아시안게임 사상 최대 규모를 기록했다. 이 대회에서 83개의 아시아 신기록과 3개의 세계 신기록이 수립되는 성과를 거뒀다. 이는 2년 뒤 1988년 하계 올림픽을 성공적으로 개최하기 위한 시험 무대가 됐다.

1998년 무인년戊寅年에는 김대중 정부가 출범했다. 야당의 후보 김대중이 대한민국 제15대 대통령에 당선됨으로써 직선제 및 민간 정부 출범 이후 최초의 평화적 정권 교체를 이뤄냈다. 이후 김대중 정부는 짧은 기간에 IMF 외환 위기를 극복하고 경제를 회복시켰으며, 남북 정상회담과 6·15 선언, 문화교류 등 통일을 위한 노력과 민주주의 발전에 큰 성과를 거뒀다는 평가를 받았다.

이어 지난 2010년 경인년庚寅年에는 자연재해가 극심했다. 1월 서울 지역을 중심으로 중부 대부분 지역에 폭설이 내렸고, 9월에는 중부, 충청 지방에 330밀리미터 폭우가 쏟아졌다. 나라밖에서는 지진이 빈발했다. 칠레 서부 태평양 연안에서 리히터 규모 8.8의 지진 발생을 필두로, 터키 동부 엘라지주, 멕시코 바하칼리포르니아 반도, 중국 칭하이성, 인도양 니코바르제도, 뉴질랜드 남섬 크라이스트처치 등 곳곳에서 규모 7 이상의 강진이 발생했다.

본디 역사는 비극을 더 잘 기억하는 속성 탓에 즐겁고 좋았던 일보다 힘들고 어려웠던 일이 더 기록으로 남게 마련이다. 그런 점에서 범띠 해라 해서 유독 다른 해보다 애사가 많았을 리 없겠으나 어쨌든 지난 과거사의 아픔을 들춰 봄으로써 새해 액땜을 대신하고자 하는 마음이다. 부디 이번 범띠 해만큼은 코로나19 극복과 경기회복을 통해 한국 경제가 당당하고 의연한 호랑이의 기개를 한껏 떨치는 호시절이었으면 하는 간절한 바람을 보탠다.

(2022. 1. 1.)

제5장
'퍼펙트 스톰' 위기, 허약 재정으론 감당 힘들어

가계부채 증가 일로… 민간 부실 커지고 신용경색 심해지는 위기 상황에서 재정은 최후 보루

'부채의 화폐화bond monetization'가 논란이다. 부채의 화폐화는 재정 당국이 발행한 적자 국채를 중앙은행이 매입해 주는 정책을 말한다. 중앙은행이 발권력을 동원해 정부 씀씀이를 뒷받침하는 것을 뜻한다. 재원의 원천이 부채라는 것과 시장이 아닌 발권력을 가진 중앙은행이 나서는 게 특이점이다.

비상 상황에서 다른 정책이 소진되었을 때 활용될 수 있다. 일단 위기를 모면하고자 할 때 동원 가능한 수단이다. 화폐 가치 하락과 중앙은행 신뢰도 등에 부정적 영향을 줄 수 있어 주요국 중앙은행이 금기시한다. 한국은행 역시 부정적이다. 지난 2월 자영업자·소상공인에 대한 손실보상 등을 위한 재원 마련으로 중앙은행의 국고채 직매입 방안이 거론되었을 때 반대의 뜻을 분명히 밝했다.

당시 한은 총재는 단호했다. 국채 매입에 대해 "정부부채 화폐화 논란을 일으켜 재정건전성에 대한 우려, 중앙은행 신뢰 훼손으로 이어져 대외 신인도에 부정적 영향을 줄 수 있다"라고 했다. "주요국에서는 중앙은행의 국채 직매입을 법으로 금지하고 있고, 지난 1995년 이후 우리나라에서도 직접 인수를 실시한 사례는 없다"라고 못 박았다. 대신, 유통시장에서의 국채 단순 매입 등 시장 안정을 위한 역할을 충실히 할 것임을 강조했다.

대선을 앞두고 부채의 화폐화가 다시 들먹인다. 가계소득을 불리기 위해 한은의 발권력을 동원해야 한다는 주장을 펴 온 후보도 있다. 그는 "국가의 가계 이전소득 지원으로 가계소득을 늘려 가계부채를 줄이고 재원은 금리 0%인 영구채로 조달하자는 주장에 전적으로 동의한다"라고 언급했다. 그리고 그런 주장을 편 대학 교수를 자신의 대선캠프 정책조정단장으로 위촉했다.

대선 앞두고 '부채의 화폐화' 논쟁 조짐… 화폐 가치 하락, 중앙은행 신뢰도 저하 경계해야

중앙은행 발권력을 동원해 가계소득을 늘리는 방안이야 고려될 수 있다. 다만, 숙고가 필요하다. 가계빚은 갚아야 하고, 정부가 한은에 진 빚은 금리가 무이자이고 만기가 무제한이라 안 갚아도 되는 것으로 여길 수 있다. 착각이다. 부채의 화폐화는 가계부채를 정부가 떠안는 것에 불과하다. 채무자 명의만 가계에서 정부로 바뀌는 꼴이다. 세상에 갚지 않아도 될 빚은 없다. 어떻게 포장하든 빚은 빚이다. 국가부채 역시 결국은 우대가 상환해야 할 채무다.

가계빚이 많기는 하다. 2020년 2분기 가계부채가 1,805조 9,000억 원에 이른다. 더 큰 문제는 유례없이 빠른 증가 속도다. 국제결제은행BIS에 따르면 2020년 1분기 한국의 국내총생산GDP 대비 가계부채 비율은 전 분기 대비 1.5% 포인트 증가한 104.9%를 기록했다. 증가세가 비교 가능 43개국 중 2위다. 작년 4분기에는 증가율이 1위에 올랐었다. 채무상환 부담도 늘었다. 처분가능소득 대비 가계부채 비율이 172.4%로 전년 같은 기간에 비해 10.1% 포인트 증가했다.

가뜩이나 고高부채인 구조에서 갑작스럽게 금리를 올리거나 대출을 무리하게 조이면 어떻게 될까. 예상치 못한 부작용이 생길 수 있다. 특히 소비성향이 높은 저소득층에 피해가 집중됨으로써 빈부격차가 심해지고 경기둔화가 가속화될 수 있다. 가계빚보다 무서운 게 나랏빚이다. 1,000조 원에 이르는 국가부채가 언제 터질지 모르는 시한폭탄으로 지목되고 있다.

국가부채도 쓸모가 있다. 글로벌 금융위기 때 세계 각국 정부가 은행, 기업, 가계의 부실을 떠안는 방식으로 고비를 넘겼다. 정부가 빚을 내 구제금융과 경기부양을 위해 돈을 푼 게 주효했다. 미국과 유로존 국가들에게는 이게 큰 도움이 되었다. 반면, 방만한 복지 운영으로 재정이 취약했던 그리스 포르투갈 스페인 등은 되레 극심한 재정위기를 겪어야 했다. 국제통화기금IMF의 구제금융으로 디폴트는 면했으나 아직도 그 후유증에 시달리고 있다.

특단의 정책은 실패의 개연성 커… 비상 처방에 한하고, 호전 기미 보이면 출구 전략 세워야

한국도 국가부채를 잘 활용했다. 그 덕에 전 세계에서 가장 빨리 금융위기를 극복할 수 있었다. 신속하고 과감한 재정 투입을 통해서였고, 이를 양호한 재정건전성이 뒷받침했다. 2008년 당시의 국가채무는 309조 원, 국내총생산GDP 대비 26.8%에 불과했다. 지금은 그때와 상황이 다르다. 국가채무 규모와 GDP 대비 비율이 각각 2011년 420.5조 원, 30.3%에서 2020년 846.6조 원, 43.8%로 높아졌다. 2022년에는 1,068조 원, 50.2%로 전망된다.

재정은 민간 부실이 커지고 신용경색이 심해지는 위기 상황에서 최후의 보루가 된다. 유감스럽게도 지금의 재정 상황은 그리 여유롭지 못하다. 정부가 코로나19 이전부터 이미 재정확장정책을 펴왔기 때문이다. 이어진 팬데믹 대응 과정에서도 적자재정을 편성해 노인 일자리, 아동수당 확대, 청년수당, 재난지원금 등을 지급해 온 결과다. 앞으로가 더 걱정이다. 더 많은 청구서가 한국 경제를 향해 날아들 것이다.

바닥을 보이는 고용보험기금, 고갈이 예상되는 건강보험기금의 적자를 메워야 한다. 한동안 방치해 온 국민연금 개혁도 더는 미루기 어렵다. 중소기업·소상공인의 코로나 대출 리스크 또한 언제까지 끌고 갈 수 없다. 글로벌 금융긴축으로 자산 가격 거품이 꺼지는 위험 등이 한꺼번에 밀어닥치는 퍼펙트 스톰Perfect Storm 상황까지 시나 대비해야 한다. 이 모든 게 재정의 몫이다. 지금의 허약해진 재정으로 예측불허의 다중 위기를 감당할 수 있을지 의문이다.

엎친 데 덮친다고, 대선과 맞물려 선심성 정책마저 그칠 줄 모른다. 고삐 풀린 나랏빚은 가만 놔두고 가계빚만 잡으려 한다. 정책에는 양면성이 있다. 의도대로 효과가 나오면 좋으나, 예상 못한 부작용이 생길 수 있다. 특단의 정책일수록 정부 실패로 이어질 개연성이 크다. 부채의 화폐화도 꼭 필요할 때만 일과성 처방에 그쳐야 한다. 호전 기미가 보이면 즉각 출구 전략을 가동해야 한다. 비상약은 비상용이다. 상복常服하다 상복喪服 입을 수 있다.

(2021. 10. 11.)

제6장
식어 가는 성장엔진, 살릴 궁리 하고 있나

잠재성장률 하락은 비극의 서막… 나라와 기업, 국민에 해롭기만 하고 이로운 건 전혀 없어

경제에 주름살이 하나 더 늘었다. 잠재성장률이 속절없는 추락이다. 한국은행이 발표한 '코로나19를 감안한 우리 경제의 잠재성장률 재추정'이 충격이다. 갑자기 정신이 번쩍 든다. 2021년과 2022년 잠재성장률을 2.0%로 추산했다. 잠재성장률이란 인플레이션 같은 부작용 없이 노동력이나 자본 등 생산요소를 투입해 국가 경제가 최대한 달성할 수 있는 경제성장률을 일컫는다.

2.0%. 한은이 잠재성장률을 파악한 1991년 이래 가장 낮은 수치다. 1990년대 6%를 웃돌던 잠재성장률이 30년 새 '3분의 1 토막' 났다. 1991~2000년 6.1%, 2001~2005년 5.1%, 2006~2010년 4.1%, 2011~2015년 3.2%, 2016~2020년 2.6%, 2019~2020년 2.2%, 2021~2022년 2.0%다. 단 한 차례의 반전도 없이 계속 떨어지고

있다.

잠재성장률을 구성하는 요인별 기여도를 보면 거의 모든 지표가 후퇴했다. 총요소생산성의 기여도는 2019~2020년 1.0% 포인트에서 2021~2022년 0.9% 포인트로 하락했다. 총요소생산성은 노동·자본 등 물적 생산요소 투입으로 설명되지 않은 기술 발전과 같은 요인을 말한다. 같은 기간 자본 투입은 1.5% 포인트에서 1.4% 포인트로 기여도가 추락했다. 노동 투입은 0.1% 포인트에서 -0.1% 포인트로 마이너스로 전환했다.

잠재성장률이 낮아진 데는 그만한 이유가 있다. 생산가능인구 감소 등 팬데믹 이전부터 이미 진행돼 온 구조적 요인 외에, 코로나19 충격으로 대면 서비스업 폐업 등에 따른 고용 사정 악화, 서비스업 생산능력 저하가 주된 요인이라는 게 한은의 평가다. 온라인 수업 확대에 따른 육아 부담 증가, 대면 서비스업 폐업 등으로 여성의 경제활동참가율이 하락하면서 노동 투입이 줄었고, 고령층의 비자발적 실업이 증가한 점도 한몫했다는 분석이다.

속절없는 잠재성장률 추락… 생산가능인구 감소 등 구조적 요인에 코로나19 팬데믹 겹친 탓

불길한 징조는 진즉부터 있었다. 노동시장의 비효율성과 저출산·고령화에 따른 인구구조 변화 등 여러 구조적 요인 탓에 잠재성장률이 계속 떨어질 거라는 경고가 잇달았다. 그런데도 별 대응이 없었다. 생산성 향상을 위한 경제 전반에 걸친 구조 개혁이 미뤄지는 사이 코로나19 사태가 불거졌다. 그로 인해 잠재성장률은 더욱 주저앉고 말았다.

인구절벽의 변수가 큰 장애물이다. 앞으로도 극복하기 힘들다는 데 고민이 있다. 통계청의 인구 전망이 암울하다. 지난해 3579만 명인 15~64세 생산가능인구가 2025년에는 3415만 명으로 164만 명 감소할 것으로 추산한다. 향후 5년 동안 대전광역시 인구만큼이 증발하는 셈이다. 2030년 3223만 명, 2040년 2703만 명 등으로 인구 감소는 갈수록 커질 것으로 전망된다.

국제통화기금IMF은 성장률을 더 낮춰 봤다. 2020~2022년 한국의 잠재성장률을 연평균 1.8%로 한은보다 0.2% 포인트 낮게 추정했다. 경제협력개발기구OECD는 2019년 2.5%에서 2020~2022년 2.4%로 하락할 것으로 예상했다. 금융연구원 또한 현재의 경제구조 흐름이 바뀌지 않는다는 '중립 시나리오'를 전제로 잠재성장률이 2025년 1.57%로 내려갈 것으로 내다봤다. 2030년 0.97%, 2035년 0.71%로 추락을 전망했다.

이런 추세로 가면 2030년에는 잠재성장률이 0%대까지 떨어질 게 확실시 된다. 잠재성장률 하락은 한국만의 현상은 아니다. 다른 나라들도 처한 사정이 비슷하다. 각국 중앙은행 자료를 보면 잠재성장률 감소가 공통적이다. 감소 폭이 미국 0.1% 포인트, 영국 2.1% 포인트, 일본 0.6% 포인트로 나타난다. 코로나 감염병이 세계 경제에 미치는 영향이 그만큼 부정적이라는 얘기다.

성장전략 바꿔야… 신성장산업 지원강화, 기업투자 여건 개선, 여성·청년 경제활동 확대 시급

　성장전략을 바꿔야 한다. 전문가들은 경제성장률 제고의 필요성을 누누이 강조해 왔다. 여성·고령자의 경제활동 참여 확대, 투자환경 개선을 통한 외국 자본 유치, 신성장산업 촉진을 위한 규제 개혁을 역설했다. 한은 의견도 같다. "잠재성장률 회복을 위해 신성장산업에 대한 지원을 강화하고 기업의 투자 여건을 개선하는 것이 중요하다"라며 "감염병 확산으로 고용 여건이 취약해진 여성과 청년의 경제활동 참가율을 높이기 위한 정책도 필요하다"라고 설명한다.

　유념할 사항이 하나 있다. 신성장산업 육성을 위해서는 규제 개혁이 필수적인 점이다. 그런데 우리는 이게 잘 안되고 있다. OECD에 따르면 한국의 상품시장규제지수는 1.71이다. 조사 대상국 19개국 가운데 세 번째로 높다. 정부 개입에 의한 왜곡은 1.69로 OECD 평균 1.62를 넘는다. 중소기업의 경쟁력 약화, 기업 구조 조정 부진, 경쟁 제한적 시장 규제 등으로 기업 역동성이 떨어져 생산성 개선이 둔화되고 있다는 지적이다.

　성장률 하락보다 더 경계할 점이 있다. 현상 불감증이다. 한은 메시지를 누구도 귀담아듣지 않는다. 경보警報를 경보輕報로 흘려듣고 있다. 어쩌면 듣고 싶지 않은지도 모른다. 5년 단임 정부가 힘만 들고 생색도 안 나는 장기 성장에 매달릴 유인이 약하다. 대선주자들도 실망이다. 변변한 성장 청사진 하나 내놓지 못한다. 언론은 자기중심적이다. 의혹 부풀리기는 그토록 잘하면서 시선 못 끄는 일에는 관심이 덜하다. 기껏 일회성 보도로 그치려 한다.

잠재성장률 하락은 어떻게든 막아야 한다. 경제가 성장을 멈추면 끔찍한 일들이 벌어진다. 기업은 매출이 떨어지고 가계는 소득이 줄어든다. 취업난이 심해지고 실업률이 상승한다. 조세수입이 움츠러들어 재정에도 악영향이다. 성장 시대에 맞춰 계획된 복지 사업 수행이 어렵다. 연금과 사회보험은 수입 대비 지출 증가로 보장 범위를 줄여야 한다. 성장이 멈춘 경제는 경제도 아니다. 해롭기만 하고 이로운 것은 전혀 없다. (2021. 9. 23.)

제7장
'100년 후 고령화 소국',
경종 울리나 듣는 이 없네

**저출산·고령화 심각성을 심층 분석·예측하고⋯ 올바른 대응책을
마련, 서둘러 실행에 옮겨야**

감사원의 '저출산 고령화 감사 결과'가 실로 충격이다. 100년 후
의 인구를 추계한 보고서 내용이 자못 끔찍하다. 우리나라 인구
가 2017년 5136만 명에서 2067년엔 3689만 명으로 줄어든다. 100
년 뒤인 2117년에는 1510만 명으로 감소한다. 서울의 인구는 2017
년 977만 명에서 50년 뒤엔 629만 명, 100년 후엔 262만 명으로
움츠러들 것으로 예측된다.

지방 대도시의 인구 감소는 더 가파르다. 2017년 342만 명이던
부산 인구는 50년 후엔 191만 명, 100년 후엔 73만 명으로 줄어든
다. 대구는 2017년 246만 명에서 50년 뒤엔 142만 명, 100년 후엔
54만 명으로 축소된다. 2017년 150만 명이었던 광주는 50년 뒤

91만 명, 100년 후엔 35만 명으로 쪼그라든다. 매년 인구가 늘고 있는 경기도 역시 예외가 아니다. 2017년 1,279만 명에서 2067년엔 1065만 명, 2117년엔 441만 명으로 급감한다.

고령화 속도도 빠르다. 65세 이상 고령인구 비중이 시나브로 늘고 있다. 2017년 총인구의 13.8%에 불과했으나 30년 후엔 39.4%, 50년 후엔 49.5%, 100년 뒤엔 52.8%로 증가한다. 지방의 소멸 위험도 커진다. 2017년 229개 시군구 중 83개인 소멸 위험 지역이 2047년에는 모든 시군구로 확대된다. 이 중 고위험 지역이 157개에 이른다. 2067년, 2117년에는 고위험 지역이 각각 216개, 221개로 늘어난다.

서울의 경우 2047년엔 종로 성동 중랑 은평 서초 강서 송파 등 23개 구가 소멸 위험 단계에 들어간다. 2067년엔 노원 금천 종로 등 15개 구가 소멸 고위험 단계에 진입한다. 100년 후인 2117년엔 서울에선 강남 광진 관악 마포구를 제외한 모든 구가 소멸 고위험 단계에 속한다. 지방에서는 부산 강서, 광주 광산, 대전 유성을 뺀 모든 지역이 소멸 고위험군에 편입하리라는 전망이다.

인구구조 변화는 국가 미래에 큰 재앙··· 국가경쟁력 좀먹고 사회 경제적으로 부정적 파급효과

정부가 모를 리 없다. 손 놓고 있지도 않았다. 2005년 저출산위원회를 설립하고 저출산 대책을 추진해 왔다. 3차례 기본계획과

292개 과제를 추진하며 저출산 극복을 위한 다각적 노력을 기울였다. 결과가 영 신통찮다. 감사원이 지적한 바로는, 대책을 마련해 집행해야 하는 부처들의 대응이 충분하지 못했다. 단기 현안에 치여 장기 과제인 저출산과 인구문제에 관심이 부족했다. 그 사이 합계출산율은 계속 떨어져 세계 최저 수준에 이르고 말았다.

감사원의 현상 인식과 접근방식이 특이하다. 지역 인구 불균형의 관점에서 저출산 문제를 다룬다. 감사원의 실태 분석 결과는 색다른 데가 있다. 우리나라의 초저출산과 지방 인구의 급격한 변화는 청년들이 양질의 교육과 일자리 때문에 수도권 이동이 많고, 수도권 집중으로 인한 높은 인구밀도는 청년들의 경쟁과 미래에 대한 불안으로 이어져 비혼과 만혼을 선택하는 것과 밀접한 연관이 있다는 진단이다.

지방자치단체 인구정책 담당자를 대상으로 한 저출산 및 수도권 집중 원인 및 대책에 대해 설문 조사 내용도 같은 맥락으로 파악된다. 지방에서는 지방 청년층의 사회적 이동이 해당 지역사회의 양질의 교육과 일자리가 부족하기 때문이라고 인식한다. 이는 인구정책 컨트롤타워인 저출산위가 균형위, 교육부, 고용부, 산업부 등에서 추진하는 지방 청년층의 교육과 일자리 개선 대책을 저출산의 관점에서 지원·관리하는 데 연계 협력하지 못했음을 방증한다.

감사 결과에 곁들여진 전문가 의견도 유용하다. 일부는 2000년대 중반 이후 출산장려정책이 유배우 출산율을 높이는 긍정적 역할을 했다는 호평을 내린다. 반면, 기존 대책의 한계를 지적하는 연구가 다수를 이룬다. 초저출산 해결을 위해서는 보육시설 지원 중심의 기혼자 위주 출산장려정책에서 청년들이 혼인할 수 있는 사회구조의 조성을 돕는 정책으로의 전환이 필요하다는 주장이 제기된다.

백년대계 부재의 국가 경영은 위험… 나침판 없는 항해, 설계도 없는 건축이나 다를 바 없어

또 저출산의 원인은 출산 보육뿐 아니라 수도권으로의 인구이동과 그에 따른 경쟁 심화로 보고 지방의 정주 여건을 개선, 불균형을 완화하는 대책이 긴요하다는 의견도 있다. 복지부 중심의 저출산 대책은 지방 인구의 사회적 유출을 고려하지 않는 국가 차원의 획일적 출산율 제고 사업으로 국가인구 위기 극복을 위해서는 지방 인구 감소 대응정책과 병행해야 한다는 견해도 나온다.

어쨌거나 상황이 심각하다. 지금의 저출산 고령화 추세로 보면 감사원의 추계는 오히려 보수적일 수 있다. 지역소멸 속도가 더 빨라질 가능성을 배제하기 어렵다. 정작 더 큰 문제는 따로 있다. 급격한 인구 감소가 몰고 올 사회·경제·정치적 충격에 대한 인식이 지극히 안이하고 낙관적이라는 사실이다. 저출산의 경종이 계속 울려대나 다들 귀를 막고 있는 것은 아닌지.

인구구조 변화는 국가의 미래에 큰 재앙이 될 것이다. 생산가능인구 감소, 평균 근로 나이 상승, 저축·소비·투자 위축 등으로 국가경쟁력을 좀먹게 된다. 경제성장 둔화에 따른 세입 감소, 복지 지출 확대 등으로 재정의 지속가능성에도 악영향을 피할 수 없다. 더구나 저출산 고령화 관련 지출은 의무성 지출이 많다. 예산 지출은 정치적 과정을 거쳐야 한다. 선거 때마다 남발되는 복지제도는 재정부담을 감당키 힘든 수준으로 몰고 갈 것이다.

알았으면 대비해야 한다. 저출산 고령화의 심각성을 심층 분석·예측하고 올바른 대응책을 마련, 서둘러 실행에 옮겨야 한다. 국가적으로 이보다 중대하고 시급한 과제가 없다. 한두 번의 정책 시행으로 단기에 해결될 사안이 아닌 만큼, 국가 시스템을 미래지향적으로 바꾸고 사회 분위기도 일신해야 한다. 백년대계 부재의 국가 경영은 위험천만하다. 나침판 없는 항해, 설계도 없는 건축과 다를 바 없다. 그래도 준비가 있으면 뒷걱정이 없다.

(2021. 8. 21.)

제8장
'서세원' 아니면 '벼락 거지', 양극화 방치하면 불평등 고착화

양극화 결말은 파국과 끝장… 대비도 때가 있는 법, 소 잃고 외양간 고쳐 봤자 '사후약방문'

불황이 끝날 조짐이 보인다. 한국 경제가 코로나19가 만든 불황의 터널을 지나 성장 궤도에 오르는 모양새다. 실질국내총생산 GDP 성장률이 코로나 팬데믹 이전 수준을 회복했다. 한국은행은 2021년 경제성장률이 4%를 넘어설 것으로 진단한다. 마냥 좋아하기 어렵다. 화려한 성장의 이면에 어두운 불평등의 그늘이 가려져 있다.

코로나 이후 경제회복이 부유층으로 쏠리고, 저소득층은 더 나락으로 떨어지는 양상을 띤다. 국내외 학계와 경제계는 코로나19 이후의 경제 현상을 'K형 회복'으로 설명한다. 실제가 다르지 않다. 자산가나 전문직들은 부의 상승곡선을, 그렇지 못한 자들은 하향곡선을 타는 K자 '투 트랙' 모형의 회복이 두드러진다. 두 계층 간의 격차는 시간이 갈수록 벌어지는 추세를 보인다.

K형 양극화는 거시경제 현상에 국한되지 않는다. 부동산 시장에서의 추세는 더욱 확연하다. 부동산을 가진 자와 못 가진 자의 자산 격차가 뚜렷하다. 부동산 관련 대출과 세금 규제 등이 강화되면서 '서세원', '똑똑한 한 채'라는 유행어까지 등장했다. 서세원은 서울과 세종 집을 하나씩은 보유해야 한다는 뜻이다. 똑똑한 한 채가 있어야 하는 곳으로는 서울 강남권 등 요지의 아파트와 국회 이전 이슈 등으로 집값이 급등한 세종시를 가리킨다.

이도 옛말이다. 서울과 세종의 집값만 오른 게 아니다. 다른 지방들도 집값이 폭등했다. 전국 집값이 돌아가며 오르는 풍선효과를 보였다. 그래도 절대 금액 면에서 보면 서울과 지방의 자산 격차가 상당하다. 주택 간 양극화도 심하다. 유주택자와 무주택자의 간극은 하늘과 땅 차이다. 집을 사지 않거나 집을 팔고 전세로 갈아탄 사람은 졸지에 전·월세 난민으로 전락했다. '벼락 거지'의 오명을 뒤집어썼다.

코로나 이후의 경제 'K형'… 경제회복이 부유층으로 쏠리고, 저소득층은 더 나락으로 떨어져

양극화의 광풍은 교육 현장도 비켜 가지 않았다. 코로나19 이후 학생들의 학력 격차가 커졌다. 코로나로 등교 수업에 차질을 빚으면서 중고생의 학력이 크게 떨어진 것으로 나타났다. 교육부 자료가 확인하는 바다. 중학교 3학년과 고등학교 2학년을 상대로 지난해 말 실시한 국가수준 학업성취도 평가에서 뜻밖의 결과가 나왔다.

중3 국어와 영어에서 3수준(보통 학력) 이상인 학생 비율이 2019년에 비해 각각 7.5% 포인트, 8.7% 포인트 하락했다. 고2 국어에서도 같은 비율이 7.7% 포인트 낮아졌다. 성적 하위층인 기초학력 미달의 1수준 비율이 중3과 고2 모두 국어·수학·영어 등 주요 과목에서 늘었다. 중위권이 두꺼운 마름모꼴이 정상이나 현실은 다르다. 학교 교육이 차질을 빚으면서 중위권이 줄고 되레 하위권이 많아지는 정삼각형 구조로 바뀌고 있다.

사교육에 의존하는 학생들이 늘고 있다. 등교하지 않는 날이 많아지면서 학교 온라인 강의에 불안감을 느낀 학부모들이 자녀를 학원에 보내는 경우가 많아졌다. 개인 과외나 소규모 그룹 과외도 성행한다. 서울 강남 등 사교육비 지출 여력이 있거나 학원이 밀집한 지역과 그렇지 못한 환경에 놓인 지역 사이에 학력 격차가 커진다. 코로나 변수 속에 경제력 격차가 교육력 격차로 이어지고 있다.

중고교 학력 격차는 대학 입시에서도 확인된다. 상위권 대학 진학에서 학교별·지역별 격차가 심하다. 코로나로 대학 교육이 부실해졌다는 지적도 나온다. 비대면 수업에 따라 학생 개별 경쟁력이 떨어진다는 우려의 목소리다. 대학생의 실력 저하는 취업 후 기업 경쟁력 약화로 이어질 수 있다는 분석도 있다. 경제협력개발기구

OECD는 코로나로 인한 학습 손실을 보충하지 못하면 개인 생애 소득 3% 하락, 국가 국내총생산GDP 1.5% 하락을 경고했다.

경제·부동산·교육·세대 양극화 심화… 대책 마련은커녕, 대선 앞두고 포퓰리즘 경쟁만 극심

코로나는 세대 간 격차까지 벌릴 기세다. MZ세대가 양극화의 피해자다. 취업, 결혼, 거처 마련의 평범한 꿈조차 갖기 힘든 이들이다. 일본의 '로스제네'를 연상케 한다. 일본은 1990년대 초반 버블 경기가 붕괴하면서 취업난이 극심했다. 1970~1982년생이 사회에 첫발을 디딜 때 취직빙하기(1993~2005년)를 맞았다. 90%에 육박하던 대졸 취업률은 50%대로 주저앉았다. 이들에게 잃어버린 세대라는 뜻의 로스트 제너레이션, 줄여 '로스제네'라는 이름이 붙여졌다.

로스제네의 상당수가 프리터나 파견직으로 사회생활을 시작했다. 2000년대 중반 이후 취업 시장은 회복되었으나 별다른 경력이 없고 나이만 먹은 이들을 외면했다. 취업 버스는 다음 세대를 태우고 떠났다. 40~50대가 된 지금도 이들은 프리터를 전전하며 근근이 살아간다. 일본 경제의 회복이 더딘 것도 이들 세대가 소비의 중추 역할을 못 하는 것과 무관치 않다. 우리도 MZ세대를 방치하면 일본의 전철을 밟지 않으리란 보장이 없다.

상황이 이 지경인데 우리의 대응은 어떤가. 정말 이래도 되는가

싶다. 사태의 심각성을 깨닫기는커녕 현안 처리에 급급한 모양새다. 소상공인·자영업자에 손실을 보상하고, 전 국민에 재난지원금을 지급하면 되는 걸로 아는 것 같다. 중고교에는 대면 수업을 전면적으로 허용하고, 대학에는 정원 감축과 예산 지원으로 할 일을 다 하는 것으로 믿는 듯하다. MZ세대에는 그나마 관심도 덜하다. 취업 수당 몇 푼 주는 것으로 끝내려 한다.

정치권이 가엾고 딱하다. 언제 그렇지 않았냐 마는, 대선을 앞두고 포퓰리즘이 기승을 부린다. 대선 주자들은 기본소득, 안심소득, 공정소득 등 설익은 화두를 들먹이며 국민 혼란을 부추긴다. 양극화의 결말은 파국과 끝장이다. 철저한 대비가 필요하고, 이 또한 때가 있다. 미룰 수 없다. 망양보뢰亡羊補牢, 소 잃고 외양간 고쳐 본들 무슨 소용이랴. 사후약방문은 아무짝에도 못 쓴다.

(2021. 6. 18.)

제9장
빚이 태산 같은데,
민간부채 '방심', 국가채무 '무심'

정부 바뀌어도 이미 진 빚은 국민이 다 갚아야… 급한 오늘만 아니라 힘들 내일도 생각해야

경제에 새 걱정거리가 생겼다. 글로벌 금리 상승의 경고등이 켜졌다. 미국의 10년 만기 국채 금리가 오르고 있다. 코로나 확산 직후인 작년 초 연 0.5% 선까지 떨어졌다가 최근 들어 빠르게 상승하고 있다. 연 1.5%를 넘어서며 코로나 이전 수준으로 돌아갔다. 시장 불안감이 커지면서 '저금리 잔치'가 끝날 수 있다는 신호로 받아들이는 분위기가 또렷하다.

코로나 방어를 위해 막대한 돈이 풀려 있는 상황에서 바이든 행정부가 추진하는 1조 9,000억 달러 규모의 추가 부양책 추진과 무관치 않다. 필요 자금 조달을 위해 미 정부는 국채를 추가 발행할 수밖에 없다. 국채 공급이 늘어나면 가격 하락, 즉 금리 상승을 유발할 가능성이 커지게 된다. 코로나 백신 접종 이후 경기 회복 전망으로 인플레이션 불안감이 커지면서 금리 상승세는 당분간 이어질 것으로 예상된다.

제롬 파월 연준 의장이 금리 상승을 제어하기 위해 오퍼레이션 트위스트 등의 구체적 방안을 내놓지 않으면서 시장은 크게 실망했다. 오퍼레이션 트위스트란 중앙은행이 장기채권을 매입하고 단기채권을 매도, 장기금리를 내리고 단기금리는 올리는 공개시장 조작방식이다. 장기금리의 하락은 기업의 투자와 고용을 촉진하고, 가계는 장기국채 금리와 연동된 주택담보대출 금리가 낮아져 주택시장 활성화에 긍정적 영향을 미친다.

남의 나라 얘기나 하고 있을 때가 아니다. 당장 우리 코가 석 자다. 우리나라의 국채 금리도 오르고 있다. 10년 만기 국채 금리가 2년 만에 연 2%를 돌파했다. 금리가 오르면 기업과 가계의 부담이 늘고 증시에도 악재로 작용한다. 다른 나라에 비해 가뜩이나 부채비율이 높은 우리의 가계와 기업, 국가 경제로서는 여간 큰 걱정이 아니다.

글로벌 금리 상승 경고등 켜져… 부채비율 높은 우리의 가계와 기업, 국가 경제에 큰 부담

한국은행에 따르면, 작년 말 가계부채는 1,726조 1,000억 원으로 사상 최대치를 기록했다. 1년 새 125조 6,000억 원이 늘었다.

GDP 규모를 넘어섰다. 101.1%다. 2008년 글로벌 금융위기 진원지였던 미국의 당시 부채비율 97.4%를 넘는 수준이다. '잃어버린 30년'이 시작된 1990년 말 일본의 가계부채 70%보다도 월등히 높다. 세계경제포럼WEF 등 국제기관들은 GDP 대비 가계부채가 70~90%를 넘어서면 위험 수준으로 평가한다.

금융당국의 생각은 다르다. 빚의 '양'은 늘었으나, 빚의 '질'은 나쁘지 않다고 본다. 가계부채의 질적 구조·채무상환 능력을 고려할 때 가계부채 문제가 시스템 리스크로 이어질 가능성은 제한적이라고 설명한다. 가계부채 증가 속도가 빨라 잠재위험 요인이 될 수 있다는 지적에도 "계속 유의해 나가겠다"라며 원론적 답변으로 일관한다.

기업부채도 높다. 2,112조 원으로 GDP 대비 110.1%로 높아졌다. 국제결제은행BIS은 한국의 가계·기업 등 민간 부문 빚 위험도를 11년 만에 '주의'에서 '경보'로 격상했다. 외환위기, 금융위기 때보다 GDP 대비 민간부채 증가 속도가 가파르다는 지적이다. 벌어서 이자도 못 갚는 중소기업이 절반을 넘는다. 52.8%에 이른다. 코로나 대책의 하나로 대출 원금 만기와 이자 상환을 연장·유예했으나, 만기가 돌아오면 빚을 못 갚는 곳이 속출할 것으로 보인다.

민생과 기업 구제를 위한 재정 투입을 국채에 기대면서 정부부채도 많이 늘었다. 지난해 4차례의 추경 편성으로 국가채무는 846조 9,000억 원까지 증가했다. 관리재정수지 적자는 118조 6,000억 원에 달했다. 올해 예산은 작년보다 8.9% 증가한 558조

원이 편성되었다. 93조 2,000억 원의 빚을 내야 한다. 추경으로 국가채무는 966조 원으로 늘어나고 국가채무비율은 48.2%로 높아진다. 앞으로 추경이 더 편성되어 34조 원 이상의 빚을 내면 나랏빚 1,000조 원 시대를 맞는다.

위기 이후 대비하는 출구전략 긴요… 재정 규율 세워 속도 조절과 지출 관리를 엄격히 해야

충당부채까지 포함하면 정부의 실제 부채비율은 더 높아진다는 주장까지 나왔다. 민간 싱크탱크 'K정책 플랫폼KPolicy Platform'에 따르면, 944조 2,000억 원에 달하는 공무원연금과 군인연금을 포함해 계산한 2019년 말 기준 정부부채비율은 91.4%까지 올라간다. 공무원연금과 군인연금의 충당부채 중 대응 자산이 있어 상환 부담이 없는 금융성 채무를 제외하더라도 정부부채비율은 75%에 이른다.

빚처럼 무서운 게 없다. 원리금 부담으로 소비와 투자 여력이 저하되고 경제 회복이 더뎌진다. 일정 수준을 넘으면 국가신용도에 영향을 미치며 외환위기 위험을 키운다. 미국의 금리 상승을 가볍게 보면 안 된다. 미국 금리가 오르면 잠재적 위험이 현실화할 수 있다. 부채 과다 국가는 무너지고 만다. 1990년대 중반 러시아 국가 부도와 아시아 외환위기, 2000년 남미 국가, 2000년대 중반 미국 서브프라임 사태와 그리스 부도, 2010년대 중반의 베네수엘라,

아르헨티나 등이 그랬다.

불가피한 측면이 없지 않았다. 전염병 위기 극복과 막힌 경제를 뚫기 위해서는 정부가 빚을 내서라도 수요를 만들어 내야 했다. 우리나라만 그런 게 아니다. 미국도 잇단 경기부양책 시행으로 올해 연방 부채가 GDP의 102%에 이를 걸로 예측된다. 높은 부채 규모나 빠른 증가 속도 못지않은 걱정이 또 있다. 부채에 대한 정부의 인식이다. 빚은 태산 같은데 염려하는 구석이 안 보인다. 가계·기업부채에 방심하고 국가채무에 무심한 느낌을 준다.

부채 증가와 자산 거품 등 위험 요소 해소를 위한 중장기적 관점의 출구전략이 긴요하다. 국가부채 역시 저출산 고령화 등으로 재정 소요 증가로 부채비율 상승이 빨라질 수 있는 만큼 재정 규율을 세워 적절한 속도 조절과 엄격한 지출 관리를 해 나가야 한다. 정부가 바뀌더라도 이미 진 빚은 국민이 결국 다 갚아야 한다. 급한 오늘만 생각할 게 아니라, 힘들 내일도 염려해야 한다. 오늘만 날이 아니다. 내일도 내년도 그리고 영원히 살아가야 한다. (2021. 3. 15.)

제10장
대만 경제 다시 보기, 한국 경제 돌아보기

경제에 해답 없으나 해법은 있어… 주어진 여건 활용하고 정체성을 확립, 경쟁 무기로 삼아야

코로나를 겪으며 다시 보게 된 나라가 있다. 대만이다. 지난해 3.11% 경제성장을 했다. 2.3% 성장의 중국을 앞질렀다. 30년 만이다. 2021년은 4.64%까지 성장을 자신한다. 세계 각 나라가 마이너스(-) 성장에 그친 상황에서 대만의 '나 홀로 성장'이 경이롭다. 지난해 -1.0% 역성장으로 22년 만에 최저 성장을 기록한 한국 경제로서도 부럽다. 배가 아프고 속도 쓰리다.

인구 2400만 명의 섬나라 대만. 1990년대까지 한국을 비롯해 홍콩, 싱가포르와 더불어 '아시아의 네 마리 용'의 전성기를 구가했다. 그것도 잠깐. 2000년대 초반 '닷컴버블'이 터지며 침체의 길을 걸었다. 그런 대만 경제가 화려하게 부활하고 있다. 비결은 크게 세 가지다. 코로나 방역의 성공, 비대면 중심의 4차 산업혁명에 맞는 경제 구조, 글로벌 공급망의 핵심인 첨단 부품·제조 기술 중심의 산업생태계가 꼽힌다.

타이완 T방역은 경제 비상의 활주로가 되었다. 지난해 1월 21일 코로나 첫 확진자가 나오자마자 2월 초부터 중국인 입국을 막았다. 코로나 발생 사흘 만에 마스크 실시간 재고 앱을 만들고 마스크 배급제를 시행했다. 코로나 무료 검사를 조기에 착수, '무증상 감염자'를 사전에 걸러냈다. '거리 두기'는 할 필요조차 없었다. 내수 시장의 타격도 최소화할 수 있었다. K방역에 주는 무안이 크다.

초동 방역의 성공으로 팬데믹 위기가 기회가 되었다. 전 세계적으로 비대면 문화가 확산하면서 스마트폰과 PC, 서버 등의 수요가 늘고 있다. 2021년 하반기부터 코로나 백신 개발 소식이 전해진 것도 호재다. 미국과 유럽 등에서 경제 봉쇄 조치가 완화하면서 자동차와 가전 등의 내구재 수요까지 증가한다. 이 모든 게 대만의 주력 상품인 반도체와 전자 부품의 주문으로 이어지고 있다. 수출이 폭증한다. 비단 위에 꽃을 보탠다는 금상첨화가 따로 없다.

대만의 '나 홀로 성장' 경이적… 초동 방역 성공으로 팬데믹 위기가 경제 부활의 기회로

TSMC와 UMC 등 반도체를 위탁 제조하는 파운드리에 주문이 넘친다. 미디어텍, 노바텍 등 시스템 반도체 기업, 르웨광, 신텍 등

반도체 패키징과 테스트, 기판 업체 등도 동반 호황이다. 자동차 반도체 공급부족과 5G 통신 보급 증가로 주문이 더 몰린다. 폭주하는 주문을 감당하기 위해 증설을 서두른다. 첨단기술 제품에 대한 글로벌 수요 증가는 반도체 및 전자 기기의 핵심 공급자로서 대만의 입지를 더 굳어지게 할 거라는 전망이다.

지난날 대만을 우습게 본 측면이 없지 않았다. 자동차 같은 거대기업 제품은 만들지 못할 거라며 실없이 얕잡아 봤다. 실수였다. 대만은 반도체를 잇는 주력산업으로 전기차 육성에 나선 지 오래다. 2010년에 세운 '스마트 전기차 발전전략 및 액션플랜'을 토대로 완성차와 핵심 부품 분야에서 기술 독립을 선언했다. 우리는 경제가 덩치 순인 줄 알았다. 규모의 1등이 1등인 걸로 착각했다. 중후장대의 큰 것만 알았지, 경박단소의 강인함을 미처 깨닫지 못했다.

대만은 자국의 경제·산업적 특성을 오히려 잘 살렸다. 부품과 제조자개발생산방식ODM, 주문자상표부착방식OEM 시장에 승부를 걸었다. 그게 정확히 맞아떨어졌다. 비단 반도체 산업에서뿐만이 아니다. PC 부품, 스마트폰, 네트워크 저장장치, IT 기기 분야에서도 다름없다. 아이폰 최대위탁생산업체 폭스콘, 세계 최대의 노트북PC ODM 업체도 대만 기업들이다.

전문화에 집중했다. 우수한 기술력과 낮은 단가를 앞세워 글로벌 기술기업에 부품을 공급했다. 그들의 제품을 대신 생산해 글로벌 산업생태계의 중추를 이뤘다. 설계부터 제조, 패키징, 테스트에 이르는 모든 공정에서 시장 점유율의 최상위권을 석권했다. 가격과 품질 면에서 고루 경쟁력을 갖춘 제품을 어느 누가 사지 않겠는가. 세계 경제가 동반 침체를 보이지 않는 한 대만 경제는 흔들리지 않을 거라는 진단이 나오는 이유다.

대만 경제의 성공 동인… 부품과 ODM 시장에서 전문성 기르고 분업·협력 강화로 경쟁력 키워

불리함이 유리함이 되었다. 대기업 중심의 산업 구조에서 생기는 역기능을 피해 갈 수 있었다. 원청 대기업이 부진하면 하도급 중소기업까지 덩달아 부실해지는 연쇄 위험을 겪지 않아도 되었다. 기업 간 분업과 협업 체제가 강점으로 작용했다. 부작용도 있었다. 제품을 값싸게 공급하려다 보니, 무리한 비용 절감으로 근로자의 임금 인상이 어려웠다. 1998년부터 2006년까지 최저임금이 동결되면서 극심한 내수 침체를 겪기도 했다.

대만 정부의 치밀한 산업전략을 눈여겨볼 만하다. 반도체 육성의 시작과 과정이 우리와 다르다. 한국이 대기업 총수의 결단과 리더십에 의존했다면, 대만은 철저하게 국가 주도로 이루어졌다. 1973년 산업기술 연구기관인 ITRI를 설립해 전자통신 부문에 관한 연구를 시작했다. ITRI 산하 기구로 반도체 기술개발을 위한 EROS도 만들었다. 삼성전자가 한국반도체를 인수해 반도체 산업에 첫발을 내딛기 바로 한 해 전이다.

TSMC와 UMC도 정부가 만든 기업이다. UMC는 1970년대 후반 ITRI가 자본금의 44%를 출자했다. EROS는 UMC에 기술 인력과 반도체 생산 기술과 설비를 지원했고, 1987년 민간기업들과 함께 TSMC를 설립했다. 두 회사 모두 사업 다각화보다 반도체 생산이라는 본업에 집중했다. 국내외 기업들과 협업 환경을 만들었다. 팹리스, 파운드리 업체가 발전하면서 패키징, 테스트 기업도 함께 성장할 수 있었다.

경제에는 해답이 없다. 다만 해법은 있다. 그런 점에서 대만의 예는 적잖은 참고가 된다. 여건을 활용해 자기 정체성을 확립, 경쟁의 무기로 삼은 성공 동인이 돋보인다. 기회 활용과 강점 집중으로 깊고 넓은 전문성을 기르고, 다른 기업과의 연계로 성장의 판을 키웠다. 여기에 국가적 후원을 보태 비교 우위의 경쟁력을 일구어 냈다. 경영은 바둑과 같다. 수읽기로 미래를 내다보고, 세력과 자원을 효과적으로 살려야 한다. 실패는 자충수요, 성공은 외통수라 했다. (2021. 3. 5.)

제2부

정부와 정책:
대장처럼 경영하라

정부는 정부답게 굴고, 정책은 정책답게 펴라

제1장
아무리 대선판이라지만,
수십 조 재난지원금 또 풀자고

**말도 많고 탈도 많은, 게다가 원치도 않는 재난지원금 추가 지급…
그러려는 의도가 무엇인가**

인플레이션은 거시경제의 최대 암초다. 경제 실패는 물가 불안에
서 시작된다. 질병 증세의 발열 통증과 같다. 표면적 현상으로 나
타나나 원인을 찾아내 근치하기 어렵다. 경제학에서도 물가 문제
만큼 까다로운 주제가 없다. 다양한 이론과 학설, 연구와 가설이
난무한다. 정부에게도 물가 관리는 정책의 최우선 과제의 하나다.

물가가 뛴다. 통계청이 발표한 2021년 10월 소비자물가 상승률
이 전년 동월 대비 3.2% 올랐다. 9년 9개월 만에 최고치다. 밥상
물가는 살인적이다. 빵·곡물 가격은 6.2%, 식용유지는 8.4% 뛰었
다. 석유류 가격은 한 달 만에 27.3% 점프했다. 낌새는 진즉부터
있었다. 지난 4월부터 6개월 연속으로 2%대 물가상승률이 이어졌

다. 유류세 인하 외에는 이렇다 할 대책이 없었다. 잠시 오르다 말 거라는 낙관론에 취해 있는 사이 물가가 가파르게 치솟았다.

작금의 물가상승은 대외적 요인에 기인하는 바 크다. 국제유가 급등, 글로벌 공급망 훼손에 따른 원자재 가격 상승, 물류 대란 등에서 비롯된 측면이 강하다. 그러다 보니 사전 대비가 어려웠다. 정부에게 책임이 없는 건 아니다. 탈원전 정책과 맞물려 전기요금이 8년 만에 인상되는 등 정책 실패에 따른 공공서비스 요금 상승이 물가를 자극했다. 부동산 정책 실패에 따른 주거비 상승도 물가상승의 기폭제가 되었다.

2020년 10월 청년층과 고령층 1888만 명에게 1인당 2만 원씩 지급한 통신비 지원 또한 1년이 지나 물가상승 압박으로 돌아왔다. 물가상승은 비단 우리나라만의 현상은 아니다. 그렇지만 피해가 사회적 약자로 집중되는 게 예사롭지 못하다. 노동 가치는 떨어뜨리고 자산 가치는 끌어올림으로써 사회적 불평등과 계층화를 부추기는 해악이 작지 않다.

경제 실패는 물가 불안에서 시작⋯ 표면적 현상인 물가상승은 원인 찾아내 근치하기 어려워

치솟는 대출금리도 물가 못지않은 불안 요소다. 시중은행 대출금리가 하루 만에 0.2% 포인트 뛰는 등 두 달 새 1% 포인트 가까이 올랐다. 이미 최고 5%를 넘어선 주택담보대출 금리는 연내 6%

를 넘어설 거라는 전망이 우세하다. 대출 규제로 돈 빌리기는 어려워진 판에 갚아야 할 돈은 계속 늘어나고 있다. 돈을 빌려 투자한 '영끌족'이나 생활비가 궁한 서민의 시름이 깊어지는 이유다.

나라 밖 여건도 녹녹잖다. 미 연방준비제도Fed가 테이퍼링, 즉 자산매입 축소를 공식화했다. 2020년 3월부터 코로나19에 따른 경기침체 대응을 위해 시작한 양적 완화를 단계적으로 중단한다는 의미다. 자산매입을 축소하면 시중에 풀리는 자금이 그만큼 줄게 된다. 제롬 파월 Fed 의장이 "경제 전망의 변화에 따라 매입 속도를 조정하겠다"라고 밝혔다. 돈줄을 급하게 쥘 것 같지는 않으나, 내년 중 테이퍼링이 끝나면 Fed가 금리 인상에 나설 가능성이 커졌다.

글로벌 시장 금리는 이미 가파른 오름세다. 앞으로 금리가 얼마나 오를지는 물가상승에 달려 있다. 인플레이션 조짐에 대한 전문가 의견은 그동안 두 갈래였다. 일시적이라는 시각과 스태그플레이션으로 번질 수 있다는 주장이 맞섰다. 원자재 가격 불안이 지속하고 소비자물가가 치솟으면서 낙관론은 잦아드는 분위기다. 물가만 오르고 경기침체가 지속하는 스태그플레이션 우려를 배제할 수 없는 상황으로 가고 있다.

국내 금융시장에서도 미 Fed 정책 전환의 충격파가 커진다. 시중금리 지표인 3년 만기 국채 금리가 최근 3개월 동안 50%가량 급등했다. 2021년 2·4분기 민간부채는 GDP 대비 218.2% 상승했다. 가계부채와 기업부채가 지난해 같은 기간보다 각각 11.6%,

8.1% 증가하며 GDP 대비 112.4%, 105.9%를 기록했다. 금리가 계속 오르면 높아진 부채가 경제의 시한폭탄이 될 수 있다. 이자를 못 내면 파산이 속출하고 부실채권이 늘어 은행 부실화로 이어질 수 있다.

물가 대응 시급… 확장적 재정 재고, 금리 인상 충격 최소화, 긴축 경영, 부채 관리 서둘러야

한국은행으로서도 기준금리 인상을 더는 미룰 수 없어 보인다. 물가를 억제하지 못하면 경제가 불안해지기 때문이다. 다만, 경기 회복이 미진한 상황에서 금리 인상이 자칫 경기 둔화로 이어질 수 있다는 게 고민이다. 한국개발연구원KDI이 내놓은 '민간부채 국면별 금리 인상의 거시경제적 영향' 보고서에 따르면, 고高부채 상황에서 기준금리가 0.25% 포인트 인상되면 3분기(9개월)에 걸쳐 경제성장률이 최대 0.15% 포인트 낮아지는 것으로 분석되었다.

정부가 물가 불안을 서둘러 다잡아야 한다. 확장적 재정정책부터 재고해야 한다. 국회 입법조사처는 최근 보고서를 통해 긴축적 재정·통화정책으로의 전환 필요성을 지적했다. 주요 선진국은 내년도 예산안 규모를 올해보다 줄이는 긴축 기조에 들어갔다. 한국경제연구원의 보고서에 따르면, 미국·독일·프랑스가 내년 예산안 규모를 올해 결산 추정액보다 평균 14.8% 축소했다. 미국은 17.1%, 독일은 19.1% 줄였다. 한국은 0.1% 감소에 그쳤다.

코로나 관련 방역 정책이 '위드 코로나'로 전환되면서 물가 불안은 더욱 커질 수 있다. 끝나가는 초저금리 시대가 연착륙할 수 있도록 세심한 주의를 기울여야 한다. 미국발 금리 인상의 충격이 국내 경제에 미치는 영향이 최소화되도록 적절한 대응도 필요하다. 기업과 가계도 긴축 경영과 함께 부채 관리를 빈틈없이 해 나가야 한다. 그런데 웬일. 전 국민 재난지원금이 거론된다. 수십 조원의 재정을 더 풀자고 한다.

한 푼이 아쉬운 서민에겐 요긴할 수 있으나 가뜩이나 높아진 물가를 자극해 부메랑으로 돌아올 게 뻔하다. 공짜에는 면역도 없다. 주면 계속 주게 되고, 받으면 또 받고 싶어진다. 여론도 부정적이다. 한국사회여론연구소KSOI 조사에 따르면 응답자의 60.1%가 재난지원금 추가 지급에 반대한다. 『한국경제신문』·입소스 조사에서는 이 비율이 77.3%로 높아진다. 말도 많고 탈도 많은, 게다가 원치도 않는 재난지원금을 그래도 줄 것인가. 그러려는 의도가 무엇인가. (2021. 11. 10.)

제2장
고용 늘면 뭐 하나,
대부분 한시적 공공 일자리인걸

일자리 정책의 대전환·대수술 절박… 저임금 '세금 알바'보다 양질의 일자리 창출에 중점 둬야

고용 시장에 온기가 돈다. 2021년 9월 취업자 수가 2768만 3,000명으로 한 해 전 같은 기간보다 67만 1,000명 늘었다. 7년 반 만에 가장 큰 증가 폭이다. 임금근로자는 8월 기준 2099만 2,000명으로 1년 전보다 54만 7,000명 증가했다. 좋다 말았다. 내막을 캐면 희망은 일순간에 실망감으로 변한다. 통계청의 '2021년 상반기 지역별 고용조사취업자의 산업 및 직업별 특성'에 따르면, 10명 중 1명은 한 달에 100만 원도 못 번다. 그 수가 200만 명이 넘는다.

정확히는, 2021년 상반기(4월 기준) 임금근로자 2064만 7,000명 중 10.0%에 해당하는 205만 6,000명이 월평균 임금이 100만 원에도 못 미친다. 비율로 치면 2017년 상반기 이후 최고치다. 당시는 월 100만 원 미만 임금근로자가 전체의 10.4%를 점했다. 2018년 9.8%, 2019년 9.7%, 2020년 8.9%로 차츰 낮아졌다. 2021년은 이 비율이 1.1% 포인트 급등, 10%대로 다시 올라섰다.

월급 100만 원 미만의 저임금 근로자의 비중이 가장 큰 업종은 숙박·음식점업이었다. 전체의 27.5%를 차지했다. 직업별로는 단순 노무 종사자가 28.2%로 가장 높은 비중을 나타냈다. 100만 원 이상 200만 원 미만에 해당하는 근로자는 409만 7,000명으로 전체 취업자 수의 19.8%에 달했다.

월급이 200만 원 이상 300만 원 미만인 임금근로자는 687만 5,000명, 33.3%로 비중이 가장 컸다. 300만 원 이상 400만 원 미만은 366만 6,000명으로 17.8%, 400만 원 이상은 395만 2,000명으로 19.1%로 각각 집계됐다. 코로나19 사태 이후 고용이 회복되면서 전체 취업자 수가 늘고 있으나, 대부분 단기 일자리 증가에 그치는 등 일자리 품질은 되레 떨어진 것으로 나타났다.

고용 시장에 온기… 취업자 수 늘었으나 대부분 단기 고용 증가에 그쳐 일자리 품질은 떨어져

상대적 빈곤은 국제기구 자료로도 확인된다. 경제협력개발기구 OECD에 따르면 2018~19년 기준 한국의 상대 빈곤율은 16.7%였다. 국민 6명 중 1명이 중위소득 50%에 못 미치는 삶을 산다. 조사 대상 37개 회원국 중 4위로 OECD 평균 11.1%보다 5.6% 포인트 높다. 코스타리카(20.5%), 미국(17.8%), 이스라엘(16.9%) 다음이다. 일본(15.7%), 영국(12.4%) 등 선진국과는 격차가 있고 덴마크(6.1%), 아이슬란드(4.9%) 등 북유럽 국가와는 비교조차 어렵다.

저임금 인구가 늘어난 데는 공공 일자리 증가의 영향이 결정적이다. 월 임금 100만 원 미만 근로자가 보건업 및 사회복지 서비스업 경우 전년 대비 14만 5,000명 늘었다. 1년 사이 공공행정과 국방 및 사회보장행정 부문은 5만 9,000명, 교육서비스업에서는 5만 1,000명 증가했다. 보건, 공공, 국방, 교육서비스 등에서만 25만 명 가까이 늘어났다. 대부분이 취업 취약계층에 제공되는 한시적 일자리에 몸담고 있다.

전염병 위기에서 정부의 일자리 창출 노력은 필요하고 당연하다. 급하다 보니 필요도 없는 억지 일자리를 만들어 낸 게 심히 유감이다. 임시변통은 궁극 해법이 될 수 없다. 정부가 찍어 내는 단기 일자리로는 고용 시장 회복에 한계가 있다. 아직 코로나 팬데믹이 끝난 상황은 아니나, 세계는 이미 코로나 이후를 준비했다. 우리도 '위드 코로나'로 방역체계를 전환한다. 이런 마당에 위기를 구실로 공공 일자리를 무한정 늘려 가는 건 명분도 실익도 없다.

공공 일자리 만들기는 어렵지 않다. 나중이야 어떻게 되든 일단 나랏돈으로 때우면 된다. 다만, 언젠가는 없어질 임시 일자리를 만들기 위해 세금으로 떠받치는 손쉬운 방법에 매달리는 게 과연 온당한지 돌아봐야 한다. 어렵고 힘들수록 정공법 선택이 순리일 수 있다. 정부는 일자리를 만드는 고용주가 아니다. 민간이 일자리를 만들어 내도록 후원하는 고용 도우미가 돼야 한다.

일자리는 수 못지않게 질도 중요… 10명 중 3명이 월 200만 원도 못 버는 현실은 개선돼야

일자리는 직업 이상의 가치를 지닌다. 생계를 꾸려 나갈 수 있는 수단으로서의 의미를 뛰어넘는다. 일을 통해 보람을 느끼고 행복을 누린다. 사회적 교류와 소통, 자아 완성과 사회 공헌의 터전이 되기도 한다. 역대 정부마다 일자리 중요성을 강조했다. 문재인 대통령도 2017년 5월 10일 취임식에서 '일자리 정부'를 표방했다. 취임 후 청와대에 취업자 수를 적시한 상황판을 설치, 일자리 창출 의지를 불태웠다.

특히 소득주도 성장 정책 등으로 비정규직 문제를 해결하려 무진 애를 썼다. 코로나19 이후 세금을 투입한 한시적 공공 일자리만 늘어났다. 통계청이 발표한 '2021년 경제활동인구 근로 형태별 부가조사'가 입증한다. 8월 기준 국내 비정규직 근로자는 806만 6,000명으로 전년 대비 64만 명 증가했다. 전체 임금근로자 중 비정규직 근로자 비중이 38.4%까지 치솟았다. 우리나라 전체 근로자 10명 중 4명 가까이가 비정규직을 전전하는 셈이다.

일자리는 수數 못지않게 질質이 중요하다. 저임금 근로자 증가로 일자리 품질이 저하된 작금의 현실은 그런 점에서 안타깝고 뼈아프게 와닿는다. 국민 10명 중 3명꼴인 29.8%, 즉 615만 3,000명이 월급으로 200만 원도 채 못 받고 있다. 그나마 월급 200만 원 이상 근로자가 전체의 70%를 넘어선 것은 반기별 조사가 시작된 2013년 이후 처음 있는 일이다.

당면한 고용 현실은 1인당 국민소득 3만 달러 진입에 성공한 세계 10위권 경제국의 위상과도 걸맞지 않다. 일자리 정책의 대전환과 대수술이 절박하다. 늘 고용 불안과 저임금에 시달려야 하는 질 낮은 비정규직 일자리는 그만 늘려야 한다. 고용이 보장되고 안정된 생활을 영위할 수 있는 양질의 일자리 양산에 고용정책의 방점이 찍혀야 한다. 배고픈 건 참아도 배 아픈 건 못 참는 법. 다 같이 잘 살아야 한다. 그게 나라다운 나라다. (2021. 10. 27.)

제3장
사면초가 된 '규제개혁',
도우려 말고 간섭이나 마시라

불공정 '지대추구' 카르텔 존재하는 한 규제개혁 허사… 소리쳐 봤자 입만 아프고 목만 쉴 뿐

기업은 규제가 싫다. 딱 질색이다. 규제개혁은 정부에 가장 바라는 바다. 기업단체는 하루가 멀다고 규제 완화를 주문한다. 전국경제인연합회가 적극적이다. 이번에도 '2021년 기업규제 개선과제'라는 표제를 달아 정부에 건의했다. 회원사 의견 수렴을 거쳐 수소경제, 의료·제약 등 신산업 분야 4건, 건설·입지 9건, 노동 5건, 민간투자사업 5건, 유통 3건, 법정부담금 3건, 기타 2건 등 31건을 주문했다.

혁신기업 탄생을 위한 규제 완화도 요구했다. 보스턴컨설팅그룹 BCG이 선정한 글로벌 혁신기업에 한국 기업으로는 삼성전자, LG전자, 현대자동차, 기아 등 4개 회사뿐이다. 이를 본 전경련이 혁신기업 탄생을 위한 환경 조성의 필요성을 주장했다. BCG는 2005년부터 해마다 '가장 혁신적인 기업Most Innovative Companies' 50개 사를 선정해 발표해 왔다.

BCG 발표가 없었던 2011년과 2017년을 빼고 지난 15년간 최소한 번 이상 혁신기업으로 선정된 기업은 167개다. 국적별로는 미국 82곳, 영국 12곳, 독일 12곳, 일본 11곳, 홍콩을 포함한 중국 10곳, 프랑스 5곳, 한국 4곳 등이다. 구태여 순번을 매기자면 한국은 여덟 번째다. 삼성전자가 매년 즉 15회 선정됐고, LG전자가 8회, 현대자동차가 4회, 기아가 2회를 각각 기록했다.

전경련은 혁신기업의 특징을 살피기 위해 글로벌 매출 500대 기업을 비교 대상으로 삼았다. 분석 결과가 시사적이다. 혁신기업은 글로벌 매출 500대 기업보다도 연구개발R&D, 설비투자, 인수합병M&A이 활발하며 생산성도 양호했다. 혁신기업의 R&D 집약도(매출액 대비 연구개발비)는 10.0%로, 500대 기업보다 2.9배 높았다. 혁신기업은 현금성 자산 보유분의 22.0%를 설비투자에 지출했는데, 이는 500대 기업의 2.2배 수준이었다.

기업이 정부에 가장 바라는 '규제개혁'… 외국 기업과 정부도 규제 완화를 이구동성으로 주문

혁신기업의 과거 5년간(2016~2020년) M&A 횟수는 평균 10.7회다. 500대 기업 평균의 2.2배다. 영업이익을 고용인원으로 나눈 1

인당 생산성은 혁신기업(6만 1,000달러)이 500대 기업(4만 7,000달러)보다 1.3배 높다. 한국에서 새로운 혁신기업이 대거 탄생할 수 있도록 R&D, 설비투자에 대한 세액공제를 늘리고, 투자, M&A를 지해하는 규제를 완화해야 한다는 게 전경련 주장의 요지다.

외국 기업도 규제 완화를 강하게 주문한다. 복잡하고 불투명한 규제가 한국 내 신규 투자 및 투자 확대를 막고 있다는 불평이다. 주한유럽상공회의소ECCK는 한국 진출 유럽계 기업들의 규제 완화 건의를 담은 '2021년도 ECCK 백서'까지 발간했다. 한국 내 규제 예측 가능성도 높여야 하며, 한국 정부의 다각적인 지원과 예측 가능하고 일관된 규제환경 조성이 필요함을 지적한다.

미국 정부도 가만있지 않았다. 지난 7월 과도한 규제가 한국의 경쟁력을 위협하고 있다고 거론했다. 미 국무부는 '2021 투자환경 보고서'를 통해 "한국이 경제 규모와 정교함에 비해 외국인 직접 투자를 유인하는 능력이 떨어진다"라는 한국무역협회의 분석을 인용했다. 그러면서 규제의 불투명성, 일관성 없는 규제 해석, 예상치 못한 규제 변경, 경직된 노동정책 등을 투자의 걸림돌로 지목했다.

정부에 건의라도 할 수 있는 대기업과 외국 기업은 행복하다. 속에 있는 말을 할 수 있다는 게 힘이 있다는 증거다. 자사에 유리한 논리를 개발하고 대안을 마련해 정부에 건의하고 소비자 홍보에 나설 수 있는 자체가 경쟁력이다. 그러지 못하는 중소기업만 딱할 뿐이다. 중소기업중앙회나 옴부즈만 등이 있긴 하나 실제는 그림의 떡이다. 소기업이나 자영업자들은 이들 단체의 회원이 아닌지라 어디다 대고 하소연도 못 한다.

도와준답시고 괴롭히기만 하는 지원제도… 기업 하는 게 무슨 죄라고 애꿎은 기업만 희생제물

정부가 기업을 몰라도 너무도 모른다. "도와주려 말고 간섭이나 말라"라는 게 상당수 기업인의 생각이다. 도와준답시고 괴롭힘을 당하는 현실에 절망하고 개탄한다. 중소기업 인증제도가 그 대표적 사례다. 인증의 가짓수가 많다. 그러잖아도 힘든 기업을 더 힘들게 한다. 역대 정부마다 '손톱 밑 가시'를 빼 주고 '규제 전봇대'를 뽑아 주겠다고 굳게 약속했다. 빈말이었다. 규제개혁위원회, 규제 샌드박스, 규제개혁 신문고 등이 운영되나 유명무실에 가깝다.

인증제도는 되레 더 많아지고 있다. 24개 정부 부처에서 운영 중인 인증제도가 법정 의무인증(80개)과 법정 임의인증(106개)을 합쳐 186개에 이른다. 2009년 96개에 비해 두 배에 가까이 늘었다. 인증 건수가 늘면서 인증기관의 수수료 수입도 덩달아 오른다. 그 돈으로 인증기관은 조직을 키우고 자산을 늘린다. 기업들만 죽어난다. 기업 하는 게 무슨 죄라고, 디자인만 조금 바꿔도 다시 인증을 받아야 한다.

비밀 아닌 비밀은 따로 있다. 인증기관이 기득권 수호를 위해 퇴직 관료를 영입한다. 관료는 관료대로 퇴임 후 재취업 자리를 의식해 인증제도를 양산한다. 이런 흐름이 오래전부터 관례가 되어 내려오고 있다. 여기에 일부 관료는 인증 컨설팅업체를 차린다. 인위적인 장벽을 만들어 부당한 이익을 취하는 '관료인증기관건실팅업체'의 3각 카르텔이 가히 철옹성이다.

이런 불공정 구조가 인증시장에만 있으랴. 주의 깊게 둘러보면 주변에 널려 있다. 업무 감독, 예산 배정, 인허가 등과 관련한 불합리한 구조가 곳곳에서 눈에 띈다. 퇴직 관료가 산하단체와 관련 기업에 재취업해 활동하는 경우는 셀 수 없을 정도다. 공정을 해치고 효율을 좀먹는 후진적 '지대地代추구' 행위가 존재하는 한 규제개혁은 한낱 구호에 그치고 만다. 소리쳐 봤자 입만 아프고 목만 쉴 뿐이다. (2021. 10. 16.)

제4장
'말 잘하는' 정부보다 '잘 말하는' 정부가 낫다

할 말은 하고, 한 말은 지켜야… 장부丈夫 일언은 중천금인데, 정부 일언이 그만 못해서야

말하기만큼 어려운 게 없다. 관계 맺고 교류하며 살아가는 세상인지라 말은 잘하고 봐야 한다. 하지만 그게 어디 말처럼 쉬우랴. 따라 하려도 따라 하기 힘들고, 배우려 해도 잘 배워지지 않는다. 하늘은 사람마다 다른 능력을 준 듯. 아는 게 많다고 말을 잘하는 것도 아니다. 지식인 중에도 어눌한 화법의 소유자가 적지 않다. 글을 잘 써도 말이 서툴고, 말을 잘해도 글쓰기에 젬병인 경우가 흔하다.

말의 중요성은 예로부터 강조돼 왔다. "말 한마디가 천 냥 빚도 갚는다" 했다. 말을 어떻게 하느냐에 따라 관계가 달라지고 삶이 바뀔 수 있다는 소중한 가르침이다. 입은 재앙의 문. 말조심도 함께 당부한다. "발 없는 말이 천 리 간다", "가는 말이 고와야 오는

말도 곱다", "낮말은 새가 듣고 밤말은 쥐가 듣는다" 등등의 속담
도 그런 의미를 전한다.

말은 자기표현의 핵심 수단이다. 말을 통해 지식, 교양, 성험, 성
격 등의 참모습이 드러난다. 말하는 내용은 물론 어투, 선택하는
어휘에 따라 사람 됨됨이가 평가된다. 푸른 산에서 물이 흐르듯
이 말을 잘하는 사람은 늘 부러움의 대상이다. 자기의 생각과 의
견을 정확하고 간결하게, 가감 없고 오해 없이 전달하고 싶은 건
모두의 소망이다.

서점가에 스피치 관련 도서가 넘쳐난다. 말하기 기술을 전수하
는 학원이 즐비하다. 말재주는 단련되는 능력이며, 전략과 기술로
수준 향상이 가능하다는 게 이들의 주장이다. 교육 방식이 나름
체계적이다. 교제, 대화, 감정, 설득 등으로 구분해 접근한다. 내용
도 제법 구체적이다. "사전준비는 필수다. 주도권을 장악하라. 속
담과 격언을 활용하라. 지적에 달콤함을 가미하라. 유머 감각을
키우라. 목소리 관리는 필수다. 여지를 남겨라." 공감이 가는 내용
이다.

**발표 전 사전준비에 소홀한 공직자들… 내용 숙지 못한 채 아랫사
람이 써 준 거나 읽고 있어**

말을 잘하려면 사전준비가 충분해야 하는 터. 현실은 그렇지 못
하다. 고위 공직자일수록 그런 경향이 있다. 내용을 숙지하지 못

해서인지 말하는 게 어눌하고 어색해 보인다. 아랫사람이 써 준 거나 읽고 있는 모습이 눈에 거슬린다. 단 몇 마디 말을 하면서도 자료에서 눈을 떼지 못한다. 만들어 준 자료도 찾지 못해 쩔쩔매는 경우도 생긴다. 지켜보는 사람이 되레 조마조마할 정도다. 이쯤 되면 말하기가 아니라 글 읽기다.

대선주자들이 말하는 것도 성에 차지 않는다. 토론 모습만 봐도 실망이다. 남 얘기는 건성이고 자기주장만 하려 든다. 말을 조리 있게 못 하고 질문도 핵심을 빗나가기 일쑤다. 본인이나 잘하면 되지, 남의 약점이나 들춰내 망신이나 주려 한다. 공약에 무슨 선후가 있다고 상대 후보가 자신의 것을 베꼈다고 난리를 친다. 지엽적인 문제를 상대에 캐묻고 답변을 못 하면 그것도 모르냐며 면박 주는 걸 능력으로 착각한다. 토론이 거듭될수록 짜증만 느는 이유다.

말도 말 나름. 빈말은 안 된다. 더구나 공직자는 참말만 해야 한다. 현실은 그렇지 못하다. 한국 정치의 고질병이 된 낙하산 인사 관행이 대표적 사례일 수 있다. 대선후보 시절에는 다들 인재를 천하에 널리 구하겠다고 굳게 약속한다. 지켜지지 않는다. 당선되고 나면 언제 그랬냐는 듯 태도가 돌변한다. 전문성도 없는 친정부 인사들을 공공기관 등의 요직에 무더기로 내려보낸다. '공정철학 공유'라는 허울만 번드르르한 꼬리표를 붙여서.

장담壯談도 삼가야 한다. 작금의 집값 급등을 보면 그래선 안 된다는 생각이 절로 든다. "부동산값만큼은 무슨 일이 있어도 잡고 말겠다"라던 정부다. 호언이 허언이 되었다. 가격안정은커녕 가격폭등이 전국에 걸쳐 벌어졌다. 현재도 진행형이다. 그러고도 반성하는 구석이 없다. 정부가 집값 상승의 주된 요인으로 시목되는 공급 부족을 해소하려 하기보다, 세금 중과, 대출 제한, 세무조사 등 수요 억제에 주력하는 모양새다. 상황이 그리 쉽게 호전될 성싶지 않다.

말도 말 나름, 공직자는 참말만 해야지 빈말은 금물⋯ 호언장담 파하고, 자화자찬 삼가야

전기료 인상만 해도 그렇다. 정부가 탈원전을 추진하면서 절대 올리지 않겠다던 전기료를 느닷없이 올렸다. 문재인 대통령 임기인 2022년까지 추가 전기요금 인상은 없다고 단언했던 게 기억에 또렷하다. 그런데도 한국전력은 4분기 최종 연료비 조정 단가를 1킬로와트시당 0원으로 전 분기(-3원)에 비해 3원 인상한다고 밝혔다. 4인 가구의 경우 매달 최대 1,050원을 더 부담해야 한다.

문제는 지금부터다. 전기료 인상이 이제 시작일 수 있다. 연료비 연동제가 올해부터 도입된 만큼 국제유가 고공 행진에 따른 전기료 인상은 피할 수 없어 보인다. 한전의 재무 상태가 최악의 수준인 점도 추가 인상을 예고하는 부분이다. 지난해 132조 원이었던 한전의 부채 규모는 2025년 166조 원으로 커질 거라는 전망이다. 한전과 6개 발전자회사의 올해 영업 손실만 3조 8,492억 원에 달할 거라는 예상이 나온다.

 자화자찬 또한 듣기에 거북하다. 코로나19 팬데믹 상황에서 백신 수급이 빠듯하고 확진자가 폭증하는 상황에서 정부의 K방역 홍보가 낯간지럽다. 소상공인과 자영업자가 하나뿐인 목숨까지 버리며 사투를 벌이는 마당에 경제 회복을 치켜세우는 게 눈치 없어 보인다. "수출이 호조세이고 2차 추경 등의 정책효과가 반영되며 성장률이 상향된 것으로 보인다"라는 경제부총리의 말이 부담스럽다. 말 안 해도 다 알 사실을 드러내 말하다 보니 생색내기로 들린다.

 말은 논리보다 감성이 앞선다. 우리말이 특히 그러하다. 말의 무게와 온도가 그때그때 차이가 난다. 같은 말도 '아' 다르고 '어' 다르다. 조사助詞 하나로도 느낌이 천양지차다. 말은 약인 동시에 독이 된다. 실제로 말처럼 무서운 게 없다. 말로 인한 상처는 견디기도 고치기도 어렵다. 이제 공직사회도 성숙해져야 한다. 할 말을 하고, 한 말은 지켜야 한다. 장부 일언丈夫一言이 중천금일진대 정부 일언이 그만 못해 쓰겠는가. (2021. 10. 5.)

제5장
무너진 파킨슨의 법칙,
선진국은 '작은 정부', 한국은 '큰 정부'

'공무원 인건비 급증 → 정부부채비율 상승 → 재정위기', 그리스 사태… 한국 경제의 타산지석

인구는 주는 데 공무원은 는다. 지난해 주민등록인구가 처음 감소하며 인구절벽이 현실화하는데도 공무원 수는 증가일로다. 2020년 말 기준 교원·소방·경찰·사법·입법 등을 포함한 중앙정부 공무원 수가 73만 5,909명에 이른다. 2016년에 비해 10만 7,028명 늘었다. 올해 충원하는 8,345명과 2022년 충원계획에 잡힌 5,818명을 더하면 국가공무원 수가 75만 명을 넘어설 것으로 추산된다.

지난해 지방 소속이던 소방공무원 6만 명이 국가직으로 전환되고, 질병관리본부의 청 승격을 참작해도 공무원 수 증가세는 가파르다. 방역 강화나 내수 살리기 등에서 정부의 적극적 역할이 요구되나, 그렇다고 무분별한 공무원 수 늘리기는 부작용을 부른다. 규제 증가로 경제 활력이 떨어지고 공무원 인건비와 연금 등이 불어나 재정에 부담을 준다.

공무원 인건비 등의 지출을 무시하기 어렵다. 납세자연맹이 추정한 자료가 놀랍다. 우리나라 9급 일반행정직 신규공무원 1명을 고용·유지하는 데 들어가는 비용이 연평균 1억 799만 원으로 집계되었다. 공무원 평균 재직기간이 28년이라는 점을 고려할 때, 1명당 30억 원이 넘는 비용이 지출되는 셈이다. 그나마 4년 전 2017년 기준 수치로 지금 추정하면 비용이 더 높게 나올 수 있다.

지난 5년 동안 중앙정부 국가공무원 인건비 예산도 20% 넘게 늘었다. 2022년도 예산에서도 41조 3,000억 원이 책정되었다. 2021년보다 2.7% 늘어난 규모다. 재직 중인 공무원에게 미래에 지급할 연금액을 현재 가치로 추정한 공무원 연금충당부채도 천문학적 규모다. 2017년 675조 원에서 2020년 1,044조 원으로 급증했다. 2022년을 기준 할 때 연금 적자를 메우는 데 들어가는 국가보전금이 공무원연금 4조 1,000억 원, 군인연금 2조 9,077억 원에 이른다.

무분별한 공무원 증원… 규제 증가로 경제활력 저하, 인건비·연금 부담 가중, 노동시장에 약재

공무원 수 증가는 노동시장에도 상당한 악재로 작용한다. 한국 경제연구원이 실증분석한 내용이 뜻밖이다. 공무원 수가 1% 증가하면 실업률은 약 2.1% 늘어나는 것으로 확인되었다. 어찌 보면 충분히 공감이 간다. 정부가 지난 4년 이상 대규모 공공 일자리 창출을 목표로 막대한 재정을 일자리 관련 사업에 투입했으나, 고용 대란과 분배 참사라는 참담한 결과로 나타났으니 말이다.

관료화된 거대 조직의 비효율을 논할 때 빠지지 않고 언급되는 단골 메뉴가 있다. 파킨슨의 법칙이다. 영국의 역사학자이자 경영 연구자인 노스코트 파킨슨이 자신의 경험을 바탕으로 발표한 책에서 유래했다. 업무량 증가와 공무원 수의 증가는 서로 아무런 관련이 없으며, 공무원 수는 일의 분량과 관계없이 증가함을 통계학적으로 증명했다. 즉, 일이 많아서 사람을 더 필요로 하는 것이 아니라 사람이 많아서 일자리가 더 필요해지는 상황이 된다는 내용이다.

주장은 크게 두 가지다. 하나는 부하배증部下倍增의 법칙이다. 공무원이 과중한 업무를 처리해야 할 때 동료의 도움을 받기보다 자신의 부하 직원을 늘리는 걸 원한다는 것이다. 또 하나는 업무배증業務倍增의 법칙이다. 부하 직원이 늘어나면 혼자 처리할 수 있는 업무를 부하 직원에게 지시하고 보고받는 등의 과정이 파생되어, 결국 서로를 위해 계속 일거리를 제공해야 하는 셈이 된다. 즉, 조직이 커지면서 사람이 늘어난 만큼 일자리가 필요해지는 것이다.

정부가 해야 할 일이 많아져 조직을 늘리고 인력을 더 뽑으려는 건 어쩌면 당연하다. 다만, 그럴 때도 먼저 해야 할 일이 있다. 업무가 없어지고 줄어드는 조직과 인력이 없는지를 살피고, 이를 활용할 궁리부터 하는 게 순서다. 한편에선 인력이 남아도는데 다른 쪽에선 계속 뽑아대면 조직과 인력은 한없이 비대해지게 마련이다. 결국 그게 다 비용이다.

일 많으면 충원은 당연… 다만, 불요불급 조직과 인력을 재배치·재활용하는 내부 충원이 우선

코로나19가 큰 정부 만들기에 날개를 달아 준 측면이 없지 않다. "전염병으로 민간 경제가 침체했으니 정부의 역할이 강화되어야 한다"라는 요구가 비등한 게 사실이다. 그렇다고 이를 등에 업고 정부가 몸집 불리기에 나서는 건 온당치 못하다. 역할 강화와 규모 확대는 분리해서 생각해야 한다. 역할 강화론은 보건의료 분야나 경기부양 등에서 정부가 적절한 대책을 추진해야 한다는 요구이지, 공무원 수를 늘리라는 주문이 아니다.

기실은 인사관리만큼 어려운 게 없다. 인력은 늘리기는 쉬워도 줄이기는 어렵다. 한번 채용하고 나면 해고는 불가능에 가깝다. 특히 법으로 신분이 보장된 국가공무원의 경우는 더더욱 그렇다. 본인이 큰 잘못을 저지르거나 스스로 그만두지 않는 한 정년 때까지 고용을 유지해야 한다. 말 그대로 '철밥통'이다. 공무원 수가 많다고 일이 더 잘되는 것도 아니다. 기업이건 국가이건 조직을 꾸려나가는 핵심 주체는 양적 다수가 아닌 소수 정예다.

더욱이 인구가 감소하는 상황에서의 공무원 증원은 위험스럽다. 프랑스와 미국 등 선진국들은 작은 정부를 지향한다. 행성 수요 변화 등을 고려해 공무원 감축 등 공공 부문을 이미 줄여가는 추세. 한국만 큰 정부의 가속 페달을 밟고 있다. 정부가 말이나 못 하면 밉지나 않을 터. 공무원 증원을 "단순히 비용으로 접근하기보다는 코로나19 방역 강화, 청년실업난 해소, 대국민 서비스 향상 등 사회적 편익을 감안할 필요가 있다"라고 설명한다. 국민을 되레 가르치려 든다.

불현듯 그리스 사태가 생각난다. 그리스는 1980년 30만 명 규모였던 공무원을 2007년 87만 7,300명까지 늘렸다. 공무원 인건비가 급증하면서 정부부채비율이 1980년 22.5%에서 2005년 107.4%로 치솟았다. 2008년 글로벌 금융위기를 맞아 경기부양을 위해 재정지출을 늘렸으나 이미 비대해진 정부 부문으로 인해 2011년 재정위기를 맞았다. 해묵은 얘기를 다시금 떠올리는 건 우리 현실이 자라 보고 놀란 가슴 솥뚜껑 보고 놀라는 격이길 바라는 마음에서다. (2021. 9. 8.)

제6장
공직의 소명_{召命} 일깨운
막스 베버의 100년 전 타이름

무절제한 정책 운용의 피해는 국민의 몫… 열정, 책임감, 균형감각은 공직 수행의 필수 덕목

공공기관은 말 그대로 공적 이익을 목적으로 하는 기관이다. 중앙정부 또는 지방자치단체의 공무를 수행하는 관공서는 물론, 공기업과 준정부기관을 포함하는 개념이다. 그러나 좁은 의미로서의 공공기관이란 정부의 투자·출자 또는 정부의 재정지원 등으로 설립·운영되는 곳으로서 기획재정부 장관이 지정한 기관을 가리킨다.

취준생들 사이에 공공기관의 위상은 하늘을 찌른다. '신의' 직장, '신도 가고 싶은' 직장, '신이 감춰 둔' 직장으로 불리며 분에 넘치는 호강을 누린다. 이들 기관에 종사하는 직원들 얘기를 들어 보면 꼭 그런 것도 아니다. 불편과 불리도 있다. 본사가 지방에 있고 지점이 전국에 산재하다 보니 주거가 불안정하다. 책임은 공무원과 같으나 연금은 공무원연금이 아닌 국민연금을 받게 된다. 정부가 제시하는 임금 가이드라인으로 급여 인상도 제한적이다.

그 정도는 알고 입사한지라 견딜 만하다. 정부로부터 받는 지나친 간섭이 부담이다. 정부가 공공기관의 정책 결정에 지배권을 행사하는 것은 당연하다. 예산과 정원을 틀어쥐고 평가라는 무기를 내세워 시시콜콜 따지고 캐묻는 게 못마땅할 따름이다. 공공기관에서 자율성이란 찾아보기 어렵다. 직원을 어떻게 채용하라, 복지 제도를 축소하라, 예산을 절감하라 등. 안 해도 될 참견을 정부가 무시로 해댄다. 업무 효율과 생산성이 오르기 힘든 구조다.

공공기관의 운영에 관한 법률을 제정하고 기획재정부에 전담 조직까지 두어 관리한다. 감독도 엄하다. 주무 부처와 감사원 감사는 물론 국회로부터 국정감사까지 받아야 한다. 이런저런 관리 감독을 받다 보면 한 해가 훌쩍 지나간다. 이번에는 공공기관들의 청년(15~34세) 의무고용실적이 부진하다는 지적을 받았다. 정원의 3% 이상을 청년으로 신규 채용해야 하나, 공공기관 436곳 중 67곳이 이런 의무를 이행하지 않았다는 것이다.

무리한 개입, 과도한 간섭, 성급한 실행, 비현실적 탁상행정 등⋯ 정책 체계의 난맥 두드러져

언뜻 들으면 전적으로 공공기관이 잘못한 것으로 이해된다. 말은 양쪽 다 들어 보라 했다. 정확한 사실을 알려면 공공기관 쪽 얘기도 들어 봐야 한다. 아니나 다를까. 공공기관의 의견은 전혀 딴판이다. 청년 의무고용 비율을 지키지 못한 것은 사실이나, 책임은 정부 측에 있다는 하소연이다. 공공기관 4곳 중 1곳이 정부가 지시한 블라인드 채용 방식을 원인으로 지목한다.

정부가 입사지원서를 통해 출신지 학력 학점 신체조건은 물론 나이를 확인하지 말라면서, 청년 의무고용률 준수를 요구하는 건 앞뒤가 안 맞는 모순이다. 한 입으로 두말하는 격이다. 실제로 코로나 팬데믹 상황에서 마스크를 쓰고 면접을 하는 마당에 외모만 잠깐 보고 어찌 정확한 나이를 파악할 수 있겠는가. 유능한 인재를 뽑으려면 나이만 봐서도 안 될 일이다. 탁상행정이라는 말이 이래서 나온다.

설고 어설픔은 정책에도 흔하다. 생계형 창업 청년몰도 그중 하나다. 중소벤처기업부와 소상공인시장진흥공단이 2017년부터 조성한 전통시장 내 청년몰이 실패작이다. 취지야 훌륭했다. 전통시장 및 상가 내 공실을 줄이고, 청년 창업을 지원해 청년 실업률을 낮추려는 의도는 나무랄 데 없었다. 예상은 빗나갔다. 5년간 약 600억 원 규모의 사업예산을 투입했으나 성공한 사례가 없다.

소진공에 따르면, 올 6월 기준 운영 중인 청년몰 40개 중 영업률이 80%가 넘는 곳은 14개에 불과하다. 상권이나 입지 분석도 없이 청년몰을 조성한 게 애초부터 잘못이었다. 주된 고객층이 50~70대인 전통시장에 젊은이가 주로 찾는 카페, 디저트 가게, 소품 공방 등을 차려 무슨 장사가 될 수 있었겠는가. 작명부터 틀렸다. 청년몰이라 이름 붙이니 청년들만 가는 곳이라고 생각한 중장년층이 그곳을 찾을 리 없었다.

정치는 신의 부름인 '소명', 공직은 하늘이 준 '천직'… 정책 실패는 청지기 사명 못 한 귀결

큰 걱정은 고용보험기금이다. 2017년 10조 2,544억 원에 이르렀던 적립금이 바닥을 드러낸다. 2018년부터 적자로 돌아섰다. 지난해에는 적자 폭이 5조 원을 넘었다. 올해는 적립금이 사상 최초로 마이너스로의 반전이 예상된다. 공공자금관리기금에서 2020년 4조 4,997억 원, 2021년 3조 2,000억 원을 빌려다 썼는데도 태부족이다. 경기침체와 코로나 사태에 따른 실업급여 지출이 급증한 탓이 크나 그게 다가 아니다.

무절제하고 무책임한 운용에도 원인이 있다. 정부가 코로나 사태 전인 2019년 10월 실업급여 지급 기간과 지급액을 늘렸다. 2020년 12월 예술인에 이어 2021년 7월부터는 보험설계사, 학습지 교사 등 12개 특수고용직까지 고용보험 가입을 허용했다. 고용유지지원금, 청년고용추가장려금 등도 기금에서 빼 썼다. 이번에는 고용보험료율을 올리려 한다. 그것도 인상 시기를 내년 하반기로 미뤄 차기 정부로 넘기려 한다. 몰염치도 이런 몰염치가 없다.

이래저래 국민만 죽어난다. 정부가 들어 섭섭할지 모르나, 정책 운용에 소홀했다는 비난을 면키 어렵다. 국민으로부터 위임받은 선한 청지기의 사명을 다하지 못한 셈이다. 이를 예견이라도 했듯, 일찍이 막스 베버Max Weber는 정치는 신의 부름 또는 명령을 받은 '소명', 공직은 하늘이 준 천직이라 설파했다. 또 공직 수행의 덕목으로 열정, 책임감, 균형감각을 적시했고, "책임 의식 없는 열정은 지적인 낭만주의일 뿐"이라며 일침을 가했다.

정치적 선의善意가 반드시 결과적 선으로 이어지지 않는다는 사실을 깨닫지 못하는 정치인을 '유아幼兒적 정치인'으로 질책하는 대목은 따끔한 타이름으로 와닿는다. 기왕 말이 나온 김에 정치 시행의 방침인 정책을 다루는 공직자들에게 한 말씀 고하려 한다. 주제넘은 사설인 줄 알지만, 정치가 무엇이고 공직자가 어떤 존재인지를 일깨우는 막스 베버의 고전, 『직업으로서의 정치』의 일독을 권한다. (2021. 8. 13.)

제7장
청년정책과 피 같은 나랏돈 지원,
'물고기 잡는 법' 가르쳐야

얼마를 주냐보다 어떻게 주냐가 중요… 마구 지원할 게 아니라, 난관 극복할 방법도 교육해야

사관학교는 육해공군의 초급 장교를 양성하기 위해 설립된 4년제 군사 학교다. 졸업하면 학사 학위를 받고 소위로 임관된다. 특별법에 따라 설립된 고등교육기관이다. 「사관학교 설치법」에서 육군사관학교, 해군사관학교, 공군사관학교의 설치를 규정한다. 육군3사관학교는 「육군3사관학교 설치법」에서 국군간호사관학교는 「국군간호사관학교 설치법」에서 각각 설치를 정하고 있다.

입학 전형이 까다롭다. 우선 대한민국 단일국적 소지자여야 한다. 1차로 학과 시험을, 2차로 서류 전형을 거쳐 면접, 체력검정, 신체검사를 통과해야 한다. 재학 중에는 전액 장학금이 제공된다. 하지만 졸업 후에는 10년 이상 의무 복무를 해야 한다. 학사 운영이 우수한 편이며, 생도들이 느끼는 자부심 또한 남다르다. 사관학교 출신 장교는 군 내외에서 '엘리트 장교'라는 평가를 받는다.

군 장교를 양성하는 기관을 이르는 '사관학교'의 명칭은 사회에서 더 널리 활용되는 경향이 있다. 특정 분야의 전문가 내지는 정예 인재를 키워내는 산실임을 뜻하는 비유적 표현이 유행한다. 금융사관학교, 물류사관학교, 취업사관학교, 공무원사관학교 등의 슬로건을 앞세워 홍보하는 기업이나 단체, 대학들이 자주 눈에 띈다.

창업 분야에도 사관학교가 존재한다. 신사업창업사관학교다. 명칭을 뜯어보면, '신사업 + 창업 + 사관학교'가 합쳐져 있다. 혁신적인 아이디어와 자신만의 제조 기술·노하우 등을 보유한 소상공인 예비창업자를 발굴해 정부가 창업 교육, 점포경영 실습, 사업화 자금을 단계적으로 지원하는 창업 아카데미다. 2015년 개교되어 전국으로 확대 운영되고 있다. 이론 교육, 점포체험 실습 등이 총 5개월에 걸쳐 이루어진다.

군 장교 양성 '사관학교' 명칭, 사회에서도 널리 활용… 창업 분야의 신사업창업사관학교 인기

창업교육은 사업자 등록을 하지 않은 예비창업자를 대상으로 한다. 기본교육, 전문교육, 분반교육 등 창업 준비 및 점포 운영 시 필요한 교육을 약 4주간에 걸쳐 실시한다. 점포경영 체험교육은 사업모델 검증 및 성공 가능성 제고를 위해 신사업 아이디어 점포

체험의 기회를 약 16주간 제공한다. 창업멘토링은 점포체험을 마친 교육생에게 분야별로 창업에 필요한 멘토링을 전문가와 1:1로 진행한다.

창업자금도 지원한다. 교육 수료 후에 각종 정책자금과의 연계가 이루어진다. 또 매장 모델링, 시제품 제작, 브랜드 개발, 홈페이지 제작, 홍보 및 마케팅 등 창업 소요 비용의 일부도 지원한다. 50% 이상을 본인이 부담하는 조건으로 창업자 한 명당 최대 2000만 원까지다. 최근 4년간 1,169명이 이 학교를 졸업했고, 이 중 75.5%인 883명이 총 168억 5700만 원을 지원받았다.

신사업창업사관학교 사업 자체에도 상당한 정부 예산이 소요된다. 2018년 103억 원, 2019년 187억 원, 2020년 166억 원이 투입되었다. 올해는 지난해보다 13%가량 늘어난 189억 원의 예산이 책정되었다. 졸업생의 업종별 창업자 분포가 다양하다. 도소매업이 46.7%로 가장 많고, 제조업(16.2%), 음식·숙박업(13.7%) 등이 그 뒤를 잇는다.

결과가 다 좋은 건 아니다. 신사업창업사관학교 출신 창업자의 휴·폐업 비율이 높다는 지적이 나온다. 최근 4년간 이 학교를 졸업한 창업자 802명 가운데 12.7%인 102명이 7월 말 현재 휴·폐업 중인 것으로 나타났다. 2018년 4명에서 2019년 30명, 2020년 44명으로 시나브로 늘었다. 2021년 들어서도 7월까지 24명에 이른다. 코로나19 확진자 급증에 따른 방역 조치 강화로 올해 폐업은 작년보다 더 늘 것으로 전망된다.

정부 청년지원 사업에 교육 연계 필요성 높아… 사업 효율 높이고 도덕적 해이 막을 수 있어

창업사관학교 출신 창업자의 폐업률이 높은 것은 유감이다. 원인은 복합적일 수 있다. 경기침체, 코로나19 사태 장기화, 최저임금의 급격한 인상 등 불가항력의 외부적 요인에 기인한 바 컸을 것이다. 그 외에도 운영 미숙도 작용했을 수 있다. 느슨한 심사로 사업 의지도 없이 정부 돈만 타 내려는 위장 창업자를 충분히 걸러 내지 못했을 수 있다. 실적 채우기에 급급해 제도를 형식적으로 운용한 측면도 없지 않을 것이다.

그렇다고 사업 자체를 백안시할 수는 없다. 창업 교육을 받았다고 다 성공한다는 보장은 있을 수 없다. 창업사관학교 출신 폐업률이 일반 창업에 비해 낮은 것은 그나마 교육 효과일 수 있다. 그렇다면 여기서 중대한 시사점을 얻을 수 있다. 정부의 각종 청년 정책에 교육을 연계시켜 사업 효율을 높이고 이용자의 도덕적 해이를 억제할 수 있음을 주목해야 한다. 때마침 2022년에 정부가 청년지원에 23조 5,000억 원을 투입한다. 2021년보다 3조 3,000억 원 늘어난 규모다.

저소득 청년에 월 20만 원씩 최대 12개월간 월세를 지원하고, 월 20만 원 한도의 무이자 월세 대출도 신설된다. 국가장학금 지원도 늘어난다. 2022년에는 100만 명 이상의 대학생이 '반값 등록금' 혜택을 받을 전망이다. 소득에 따라 정부가 저축액의 일부를 지원해 주거나 추가 이자를 지급하는 자산 형성 프로그램도 신설된다. 입대 장병을 대상으로 저축의 25%를 정부가 지원하는 장병 내일준비적금도 시행된다.

병장 월급을 60만 9,000원에서 67만 6,000원으로 인상하고, 급식 단가는 8,790원에서 1만 1,000원으로 늘리는 각종 처우 개선도 청년 대책에 포함되었다. 병영생활관 변기의 30%에 해당하는 1만 5,000대의 비데 설치를 위해 37억 원의 예산까지 책정했다. 다만, 대상이 된다고 무턱대고 지원해선 안 된다. 난관을 극복할 방법도 함께 교육해야 효과를 키울 수 있다. 이를 두고 탈무드는 이른다. "물고기를 잡아 주지 말고, 잡는 법을 가르치라"라고.

(2021. 9. 1.)

제8장
文 정부에 거는 마지막 기대,
"뛰는 집값 좀 잡으시라!"

만악의 근원, 집값 폭등 제어할 주체는 정부뿐… 이거만 잘해도 성공했다는 평가받을 수 있어

젊은이들은 흔들리며 산다. 삶 자체가 힘들다. 죽어라 공부해 대학을 나와도 마땅한 일자리가 드물다. 힘들게 취업해도 결혼은 꿈도 꾸기 어렵다. 좋은 짝 만나 결혼하고 싶은 생각이 굴뚝 같으나 그럴 형편이 못 된다. 직장 근처에 신혼집을 꾸리고 싶으나 여력이 못 미친다. '미친' 집값 때문이다. 2021년 7월 기준 서울의 아파트 중위가격이 매매 10억 2,500만 원, 전세 6억 2,440억 원에 이르렀다.

결혼의 요건이 달라졌다. '직'에서 '집'으로 바뀌었다. 몇 년 전까지만 해도 일자리가 있으면 집 마련이 지금처럼 어렵진 않았다. 요즘은 어떤가. 좋은 직장에서 억대 연봉을 받아도 집 장만이 불가능한 세상이 되고 말았다. 받는 월급을 꼬박꼬박 모아도 전셋값이나 집값 상승을 따라가지 못한다. '이번 생은 망했다'라는 말을 줄여 부르는 '이생망'이라는 자조적 신조어가 젊은이들 산에 회사된 지 오래다.

직업관마저 흔들린다. 집값이 천정부지로 치솟자 젊은 직장인들 사이에서 전문직으로 이직 바람이 거세다. 일단 취업에는 성공했으나 퇴직할 때까지 집 한 채 마련하지 못할 것 같다는 불안감 때문이다. 전문직 이직 붐은 관련 시험의 응시율로 확인된다. 올해 법학적성시험LEET과 공인회계사CPA 시험의 응시율이 지난해보다 각각 14%, 24%가량 높아졌다. 역대 최대치를 기록했다.

부富의 대물림까지 부추긴다. 집값 폭등과 다주택자를 겨냥한 징벌적 과세의 영향으로 최근 몇 년간 아파트 증여가 늘고 있다. 어차피 비싼 세금을 물 바에야 남에게 파느니 차라리 자식에게 물려주자는 의도다. 실제로 서울 지역의 아파트 거래 중 증여가 차지하는 비중이 해마다 높아진다. 2017년 4.5%에서 2020년 14.2%로 3배 이상 늘었다.

집값 폭등 부작용, 일파만파⋯ 결혼 어렵게 하고, 전문직 이직 부추기고, 부의 대물림 부채질

재산상속 다툼도 키운다. 집값 폭등이 유류분遺留分 반환 청구 소송의 급증으로 이어지는 양상이다. 유류분이란 상속재산 중에서 직계비속, 배우자, 직계존속, 형제자매 등 상속인 중 일정한 사람에게 돌아가도록 법적으로 정해진 몫을 말한다. 대법원의 유류분 통계가 이를 실증한다. 1심 접수 사건은 2010년 452건, 2015년 907건, 2020년 1,444건으로 11년간 219%가 증가했다. 접수 사건이 가장 많았던 해인 2019년에는 1,519건이 접수되었다.

집값이 올라 속 상하는 사람은 따로 있다. 정부 말만 믿고 집을 사지 않은 서민들이다. "부동산 정책은 자신 있다", "지금 사면 후회할 것"이라며 자신만만했던 정부를 믿었던 게 패착이었다. 들어 기분 좋을 리 없는 '벼락 거지'의 오명만 뒤집어쓰고 말았다. 수요에 걸맞게 공급을 늘리지 않은 정부 잘못이 크다. 민간 재개발·재건축에 강력한 규제를 가하고, 1주택자에 대해서도 징벌적 세금을 매기는 등의 조치도 집값 급등에 한몫했다.

청와대 게시판에 올라 온 어느 40대 가장의 청원은 절규에 가깝다. 오른 전세금을 구할 방법은 범죄뿐이라며 땅이 꺼져라고 장탄식을 했다. 세 식구의 단란한 안식처와 안정적인 자녀 교육환경 확보가 졸지에 막막해지고 말았다는 호소에 가슴이 아리다. "도둑질 강도질 사기 말고 합법적으로 1년 남짓 동안 2억 5000만 원을 벌 수 있는 일이 어떤 게 있는가"라는 되물음은 전세살이 가장들의 찢긴 심정을 대변한다.

정부라고 속이 편하겠는가. 다급했던지 경제부총리가 대국민담화를 발표했다. 국토교통부 장관, 금융위원장, 경찰청장을 대동하고 설명 자리를 마련했다. 의도는 십분 이해하나 내용은 속 빈 강정이었다. 반성도, 대책도 찾아보기 어려웠다. 부동산 시장을 움직이는 힘으로 주택 수급, 기대심리, 투기수요, 정부 정책을 꼽았으나, 집값 급등의 책임을 기대심리와 투기수요에 돌렸다. 국민 속만 뒤집었다.

정책 변화 불가피,,,, 정부가 실패 인정하고, 전문가 의견 구하고, 시장의 목소리 귀담아들어야

"아파트가 빵이라면 밤을 새워서라도 만들겠다"라던 전 국토교통부 장관이 보였던 초조감이나, "방법이 있다면 정책을 훔쳐 오고 싶은 심정"이라며 현 국무총리가 토로했던 절박감은 느껴지지 않았다. 석 달 전 "부동산 부문은 정부가 할 말이 없다"라던 대통령의 사과나, 지난해 11월 경제부총리 자신이 "특출한 대책이 있으면 정부가 다 했겠죠"라 했던 말과도 뉘앙스가 달랐다. 정부가 무슨 생각을 하고 있는지 모르겠다.

물론 만능의 정책은 없다. 정책도 사람이 하는 일인지라 실패의 가능성은 늘 있게 마련이다. 중요한 것은 실패가 반복되면 안 된다는 사실이다. 설령 정책 시행의 결과가 나쁘더라도 이를 피드백, 개선의 계기로 삼으면 된다. 반면교사로 전화위복을 만들 수 있다. 26차례나 부동산 정책을 쏟아 내고도 집값이 고공행진을 이어 가는 현실은 분명 문제가 있다.

근본적 정책 변화가 불가피하다. 원점에서의 재검토가 시급하다. 정부가 그간의 실패를 솔직히 인정하고 새로운 개선책을 서둘러 내놔야 한다. 이 과정에서 시장의 목소리를 귀담아듣고, 전문가들에 의견도 구해야 한다. 알량한 자존심으로 기존 정책을 고집하고, 입맛에 맞는 지표를 골라 인용하며, 엉뚱한 곳에 책임을 돌리려 하면 안 된다. 이유 여하를 막론하고 정책의 모든 책임은 정부에 있다.

다행인지 불행인지 모르겠으나, 만악萬惡의 근원, 집값 폭등을 제어할 주체는 정부뿐이다. 정부가 무한 책임감을 느끼고 할 수 있는 온갖 노력을 기울여야 한다. 좋은 정부가 별건가. 청년들이 좋은 상대 만나 결혼하고, 각자의 위치에서 열심히 일하며, 원하는 곳에 보금자리를 꾸릴 수 있게 해 주면 된다. 이거 하나만 잘해도 성공했다는 평가를 받을 수 있다. 문재인 정부가 나라다운 나라를 만들겠다는 약속을 지키는 일이기도 하다. (2021. 8. 7.)

제9장
청년특임장관 신설, 그 자리에 청년을 앉히라

못 할 이유 없으나 하려면 제대로 해야… 청와대가 이슈 독점하는 '만기친람'부터 삼가야

집권 여당은 힘이 세다. 정부가 꼼짝도 못 한다. 말대꾸는 금물, 순종이 미덕이다. 더불어민주당 대표가 국회 교섭단체 대표연설에서 작심 발언을 했다. 4·7 보궐선거 참패는 집값 상승과 조세부담 증가, 정부와 여당 인사의 부동산 관련 내로남불에 대한 심판이었다고 술회했다. 그러면서 새로운 화두를 꺼냈다. 청년 문제를 전담할 청년특임장관 신설을 제안했다.

청와대도 "성과를 낼 수 있는 부분이라 생각한다"라고 긍정적 반응을 보였다. 당·청 간 공감으로 실행에 무게감과 속도감이 실린다. 여당 스스로가 청년 문제를 해결해 보겠다고 나선 것은 환영할 일이다. 늦은 감이 없지 않으나 큰 박수 감이다. 파편적이고 단기적인 정책이 아닌 장기적이고 종합적인 대책이 필요하다는 제안

취지에 백번 공감이 간다. 청년장관직 신설이 청년에 대한 지원은 물론 원활한 소통 창구가 될 수 있다면 더없이 좋은 일이다.

우려되는 바도 있다. 현상 분석과 문제점 파악도 없이 덜렁 장관 자리부터 만들까 걱정된다. 만에 하나라도 선거에서 청년 표심을 의식해 추진하는 일이 아니기를 바란다. 실효성을 꼼꼼히 살펴야 한다. 지금도 청년 정책을 다루는 정부 조직이 없는 게 아니다. 각 부처에 청년 지원을 관장하는 조직이 있고, 국무조정실 산하에 청년 정책을 전담하는 청년정책추진단이 운영되고 있다. 청와대에도 청년비서관실이 있다.

일이 생길 때마다 정부 부처를 만들다 보면 조직이 비대해져 효율이 떨어질 수 있다. 지난날 경험에 비춰볼 때 정부가 조직을 늘리고 자리를 신설해 효과를 본 경우가 많지 않았다. 한번 생긴 조직은 없애기도 어렵다. 조직 신설 이전에 청년들이 힘들어하는 근본 원인부터 살피는 게 순서다. 여당 대표의 말마따나 청년들의 분노를 산 부동산 가격 폭등, 불공정의 해법부터 고민해야 한다. 청년들은 자기들을 스스로 '벼락 거지', 'N포세대'라 자조自嘲한다.

현상 분석 및 실효성 검토 선행돼야… 일 생길 때마다 부처 만들다 보면 비효율 생기게 마련

제안을 부정적으로만 볼 것은 아니다. 필요하면 해야 하고 하려면 제대로 해야 한다. 청년특임장관이 상징적 지위를 넘어 실질적 역할을 하도록 제도적 뒷받침이 필요하다. 정책과 예산에 대한 실효적 권한을 행사할 수 있어야 한다. 장관 자리를 만든다고 쉽게 해결될 청년 문제가 아니다. 현실적으로 여타 부처들과의 협소체제 구축이 필수적이다. 정부 간 협의체를 구성, 정책 지원이 효율적으로 이뤄지도록 해야 한다.

이왕이면 장관 자리에 청년을 앉히면 좋을 것 같다. 청년기본법 제3조는 청년을 19세 이상 34세 이하로 정의한다. 법에서 정한 나이의 젊은 장관을 임명, 청년의 시각에서 정책을 설계·추진하고 청년의 목소리를 정책에 반영함으로써 피부로 체감할 수 있는 변화와 성과를 거둘 수 있기를 바란다. 청와대는 이미 90년대생 '25세 최연소' 청년비서관을 파격 인선했다.

청년 문제는 교육, 일자리, 주거 등 크게 세 가지로 요약할 수 있다. 그중에서도 교육의 역할이 특히 중요하다. 교육 기회 확대가 청년 정책의 출발점이 되어야 한다. 교육에 대한 투자와 지원을 과감히 늘려야 하는 이유다. 대학 등록금을 인하하고 그에 따른 대학의 재정 부족을 국가가 부담하는 고육책도 마다해선 안 된다. 교육에 들어가는 돈은 소멸 비용이 아니다. 미래에 대한 확실한 투자임을 명심해야 한다.

교내외 장학금을 확충해야 한다. 학자금 대출은 늘리고 대출금리는 내려야 한다. 2009년 이전 정부보증 학자금 대출과 2010~2012년 일반 학자금 대출 등 고금리 대출을 저금리로 바꿔줘야 한다. 국가장학금 확대도 긴요하다. 기초수급 및 차상위 계층 등 저소득층 대상 금액을 늘리고, 취업 후 상환 학자금 제도의 이용 대상에 대학원생을 포함해야 한다. 세계 10위권 경제 강국에서 최소한 돈이 없어 교육 기회가 박탈되는 일은 없어야 한다. 유대인 교육을 보라.

청년 정책은 젊은이가 희망 품게 하는 데서 시작돼야… 교육, 일자리, 주거에 주안점 둬야

더 시급한 건 일자리다. 청년 고용시장이 악화 일로로 치닫는다. 통계청이 발표한 2021년 5월 고용동향에 따르면 청년층의 확장실업률이 24.3%를 기록했다. 청년 일자리 창출을 정책의 최우선 순위에 둬야 한다. 취업과 창업 지원에 정부가 더 힘써야 한다. 여타 제도나 정책과의 연계도 필수적이다. 전문 하사 임용 복무기간 연장, 초임 부사관의 장기복무 선발 비율 제고, 청년 농업인의 영농정착 지원금과 선발 인원 확대 등. 조금만 고민하면 할 일이 널려 있다.

주거 문제도 심각하다. 집값 폭등에 청년들의 좌절이 크다. 한숨에 땅이 꺼진다. 아무리 고액 연봉자라도 내 집 마련이 어렵다. 전·월세 비용조차 감당하기 버겁다. KB주택가격동향 자료가 수치로 확인하는 바다. 2021년 4월 기준 서울의 아파트 평균 매맷값이 11억 1123만 원으로 치솟았다. 평균 전셋값은 6억 1004만 원으로 조사되었다. 경기도 평균 아파트값이 5억 1161만 원에 달했다. 이제라도 수요 있는 곳에 주택 공급을 늘리고 거미줄 규제를 풀어야 한다.

청년 대책은 젊은이에게 희망을 주고 비전을 제시하는 데서 시작돼야 한다. 교육 기회를 확대하고 일자리를 늘려야 한다. 정부 예산으로 일자리를 늘리는 데는 한계가 있다. 항구적 대책이 못 된다. 기업 등 민간 부문에서 양질의 일자리가 양산되도록 정부가 총력전을 펴야 한다. 공정성도 입으로만 외칠 게 아니다. 기성 세대 스스로 자신에게 먼저 엄격한 잣대를 적용하는 본을 보여야 한다.

문제가 생길 때마다 조직 신설이 거론되곤 했다. 인구가 줄자 '인구청'이나 '이민청'을 만들자 했다. 주거 문제는 '주택부'에, 노인 문제는 '노인복지청'에 맡기자 했다. 이번에는 청년특임장관 신설을 제안했다. 효과만 있다면야 못 할 이유가 없다. 청년 문제가 전담 부처가 없고 공무원이 모자라 생긴 일이라면 추진하는 게 맞다. 다만, 전제가 있다. 청와대가 모든 이슈를 독점하는 만기친람萬機親覽부터 삼가야 한다. 자율이 무너지면 이도 저도 되는 게 없다. (2021. 6. 23.)

제3부

제도와 운영:
양심으로 경영하라

의도만 좋으면 안 될 것도, 못 될 것도 없다

제1장
흔해 빠진 정부 인증,
받을까 말까 고민 빠진 기업들

인증제도 대수술 시급⋯ 중복인증 폐지, 수수료 인하, 유효기간 연장, 절차 간소화 긴요

사장, 아무나 하는 게 아니다. 기업 하기가 힘든 건 어제오늘의 일은 아니나 사장들이 느끼는 위기감이나 상실감은 갈수록 크고 깊어진다. 겨우 잠자리에 든다 해도 숙면은 어렵다. 새벽녘에 혼자 깨어 갖은 상념에 잠기곤 한다. 글로벌 경영환경이나 무한경쟁의 핵폭풍은 말할 것도 없고, 비대면이니 디지털이니 하는 정보통신기술 광풍 등이 몰고 온 비즈니스 패러다임의 대변혁 앞에 점점 위축된다. 한숨과 푸념을 달고 산다.

중소기업을 해 오면서 급변하는 사업 환경에 적응하려고 노심초사, 좌불안석한 적이 한두 번이 아니다. 최근 들어 그 변화는 정도와 성격이 예전의 그것과도 판이하다. 상상조차 못 해 봤을 크고 빠른 변화 앞에서 갈피조차 잡기 어렵다. 기업을 어떻게 꾸려가고, 의사결정은 어떻게 내려야 할지 막막하고 초조하기 그지없다는 푸념이 곳곳에서 들린다. 솔직히 앞이 잘 보이지 않는다. 막막하다.

코로나 팬데믹과 경기 불황에도 언론 지상을 화려하게 장식하는 일부 대기업과 금융기관의 사상 최대 흑자실현 소식은 듣자니 속만 쓰리다. 스톡옵션, 보너스, 성과급, 고배당 등 그들만의 '돈잔치'는 작은 기업을 꾸려 가는 사장들에게 절망과 좌절을 안겨 주기에 충분하다. 기업이 어려워 겪어야 하는 절대적 빈곤감은 운명이라 감내한다 치더라도, 대기업이나 거래 은행의 풍요로움과 대비되는 상대적 허탈감은 견디기 힘들다. 이중의 박탈감에 두 번 울게 된다.

그래도 힘들 때 편들어 주고 도움을 주는 곳은 정부다. 생면부지의 기업에 적지 않은 돈을 그것도 낮은 금리로 잘도 꿔 준다. 담보가 없는 기업엔 신용보증도 척척 서 준다. 기술개발자금은 갚지 않아도 된다. 기술, 경영, 교육도 지원한다. 세금감면 등 행정 지원은 파격적이다. 중소기업 관련 예산은 정부와 국회, 정치권에서 싫은 소리 한마디 하지 않는다. 되레 더 못 주어 안달이다. 피를 나눈 부모 형제도 그러기 힘들다. 그저 고마울 따름이다.

기업 도우려는 인증이 되레 부담⋯ 종류 많고, 수수료 비싸고, 인증기관 먹여 살리는 도구화

정부가 모든 기업을 다 지원할 순 없다. 재원이 한정적이다 보니 대상을 제한할 수밖에 없다. 지원 대상을 선정하는 절차가 필요하다. 이때 활용되는 수단의 하나가 인증이다. 인증은 기업이나 제품 등 평가대상이 일정한 기준 또는 요건에 부합한지 아닌지를 평가하는 절차와 제도를 말한다. 법률이 정하는 바에 정부 각 부처가 시행한다.

기업을 도우려는 인증이 되레 부담을 주기도 한다. 우선 종류가 너무 많다. ISO, 벤처기업, 이노비즈, 경영혁신, 여성기업, 사회적기업, 우수 선화주船貨主, 원산지, 가족 친화 우수기업, 녹색건축물, 직무발명 우수기업 인증 등 수를 헤아릴 수 없을 정도다. 세제, 금융, 입지, 인력, 인수·합병M&A의 혜택을 받거나 국책사업 활용을 위해 필요한 때문이다. 인증을 안 받으면 지원받는 데 행여 불이익을 당할까 봐 마지못해 신청하는 기업도 드물지 않다.

인증 수수료가 비싸다. 기업에서 필요로 하는 인증이 한둘이 아니고, 한번 받은 인증도 일정 기간이 지나면 재인증을 받아야 함에 따라 비용부담이 만만찮다. 절차도 간단치 않다. 인증이 기업에 도움보다 짐이 된다는 불평이 나온다. 중기중앙회 조사에 따르면, 중소기업 중 절반이 인증취득에 따른 비용과 시간에 부담을 느끼는 것으로 나타났다.

인증이 인증기관을 먹여 살리는 방편이 되고 있다는 말까지 회자된다. 실제로 상당수 인증기관이 운영비용을 인증 수수료에 의존하는 실정이다. 신청만 하면 대부분 인증서가 발급되는 허술한 운영도 문제다. 그런데도 정부는 관리 감독을 적극적으로 하지 않는듯하다. 퇴직 관료가 인증기관에 재취업하고, 인증기관이 정부로부터 직간접 수혜가 이뤄지는 사실에 비추어 괜한 오해나 사지 않을까 걱정된다.

개혁의 걸림돌은 정부… 퇴직 관료 위탁기관 취업 금하는 읍참마속泣斬馬謖의 결단 내려야

인증사업이 돈이 되다 보니 위탁기관 선정을 놓고 쟁탈전마저 벌어지곤 한다. 최근에도 그런 일이 있었다. 중소기업 대표 등 100여 명이 '정부의 직접생산확인 위탁 환수조치에 대한 반대 궐기 대회'를 열었다. 직접생산확인 제도란 관수官需 시장에서 중소기업만이 납품할 수 있는 '중소기업자 간 경쟁제품'에 대해 생산시설을 제대로 갖췄는지 인증하는 제도다. 2007년부터 중기중앙회가 맡아 왔고, 현장 조사는 200여 개 업종별 중소기업협동조합이 담당했다.

그런데 중소벤처기업부가 중기중앙회의 권한을 환수하는 내용의 시행령 개정안을 입법 예고했다. 산하 중소기업유통센터에 이 권한을 넘기기로 한 것이다. 2022년 4월부터 시행이다. 인증 권한이 이전되면 40억 원가량의 수수료 수입이 없어지고, 인증 업무를 담당했던 협동조합 인력 100여 명이 일자리를 잃게 된다는 게 중소기업 대표의 항변이다. 그래봤자 국민 눈에는 그 나물에 그 밥이다. 밥그릇 싸움으로밖에 안 보인다.

근본 대책이 나와야 한다. 인증제도를 정비하고 현실에 안 맞는 부분은 고쳐야 한다. 중복인증을 통합하고 인증 유효기간을 연장해야 한다. 인증 수수료를 낮추고 절차도 간소화해야 한다. 새로운 인증 또한 최소화해야 한다. 정부 지원책이 나올 때마다 새로운 인증이 생기다 보면 가짓수가 한없이 늘어나고 만다. 그러면 제도를 관리 감독할 공무원은 물론 인증기관의 조직과 직원을 계속 늘려야 한다.

한번 생긴 인증은 없어지기 힘들다. 인증기관이 살아남기 위해 건수를 늘리게 마련이다. 건수가 늘면 대상이 많아져 혜택이 준다. 흔해 빠진 인증서는 사무실 벽에 걸리는 액자 속 종잇장에 불과하다. 큰 걸림돌은 정부다. 인증개혁은 정부의 솔선수범에서 시작돼야 한다. 퇴직 관료의 위탁기관 취업부터 금해야 한다. 중국 촉나라 제갈량이 아끼던 마속이 군령을 어겨 가정街亭 싸움에서 패했을 때 울며 그를 참형에 처했던 읍참마속泣斬馬謖의 결단으로.

(2022. 2. 4.)

제2장
공공기관 노동이사제,
걱정이 크나 기대도 된다

제도가 시행된 만큼 바른 운영이 관건… 소기의 목적 달성하도록 운용의 묘 살리는 게 방책

금융·공기업을 포함한 공공기관에 노동이사제가 도입된다. 공공부문 노동이사제 도입이 담긴 공공기관운영법 개정안이 국회를 통과했다. 공기업 36곳과 준정부기관 95곳 등 131곳이 대상이다. 공기업·준정부기관 이사회에 3년 이상 재직한 근로자를 노동자 측 대표가 추천하거나 근로자 과반수가 동의한 비상임 이사 1명을 임명해야 한다. 임기는 2년이고 1년 단위로 연임할 수 있다.

금융권에서는 준정부기관인 신용보증기금, 한국자산관리공사, 예금보험공사, 주택금융공사, 서민금융진흥원 등에 노동이사가 선임된다. 한국산업은행, 수출입은행, 예탁결제원, 한국투자공사 등은 기타공공기관에 해당, 이번 공운법 상 도입 대상에서 빠진다.

하지만 공기업에 노동이사제가 도입되는 만큼 이들 공공기관에서도 머지않아 도입 논의가 급물살을 탈 것으로 보인다.

노동이사제란 무엇인가. 근로자 대표가 발언권과 의결권을 갖고 이사회에 들어가 경영에 참여하는 제도를 말한다. 노동자를 경영의 한 주체로 보고 노동자에게 결정권을 주는 것이다. 경영진과 주주뿐 아니라 노동자도 기업에 중요한 지분을 갖는 이해당사자라는 인식이 제도의 기저에 깔려 있다. 유럽 일부 국가에서는 보편화된 제도다. 독일의 경우 기업 규모에 따라 사회의 최고 절반까지를 노동자 대표로 채우도록 법제화하고 있다.

우리나라에 처음 생기는 제도는 아니다. 2016년 9월 서울시가 정원이 100명 이상인 13개 산하 투자·출연기관에 근로자 이사를 의무적으로 도입하도록 하는 조례를 제정하면서 이미 시행 중이다. 정부도 2017년 7월 발표한 '국정운영 5개년 계획'의 100대 국정과제에서 공공기관 지배구조 개선을 위해 노동이사제 도입을 밝힌 바 있다. 공공부문부터 도입해 민간 기업으로 확산시킨다는 복안이다.

노동이사제 도입… 정부는 견제와 책임경영 기대, 경제계는 경영 간섭, 의사결정 지연 경계

정부와 노동계가 거는 기대가 크다. 노동이사제 도입으로 경영 책임자에 대한 견제와 감시 기능이 높아지고 자율경영 및 책임경영 체제 확립에 기여하기를 바란다. 반대도 많다. 경제계는 노조의 경영 개입이 강화되면 이사회의 의사결정이 지연되거나 방해받고, 궁극적으로 공공기관의 경영 효율성이 떨어질 것을 우려한다. 또 노동이사제가 도입되면 노사가 담합, 본인들의 잇속만 챙기는 나쁜 풍조가 생겨날까도 걱정한다.

그러잖아도 갈등적 노사 관계가 엄존하는 현실에서 공공부문의 노동이사제 도입이 자칫 노조 쪽으로 힘의 불균형을 한껏 심화시키고, 공공기관의 방만한 운영과 도덕적 해이가 더욱 커질 것을 염려한다. 기업들은 노동이사제 도입이 민간 기업에 확대되면 이사회의 기능을 왜곡시키고 의사결정의 신속성을 저해할 걸로 내다본다. 가뜩이나 친노동정책으로 위축된 작금의 경영 환경이 더 나빠질까 조바심이다.

국회입법조사처가 이와 관련해 의견을 내놨다. 「노동이사제의 공공부문 도입 현황과 공공기관 논의」라는 이름의 보고서다. 여기서 "노동이사제는 노동자들의 직접 경영 참여를 통해 공공기관 낙하산 임용 폐해를 개선할 수 있는 계기가 될 수도 있다"라며 "공공기관 운영에 긍정적 변화를 가져올 수 있는 제도로 기대된다"라고 나름 좋게 평가했다.

전제 조건을 달기는 했다. "공공기관에서도 노사갈등이 빈번한 한국적 현실에서 공공기관에서 전면적으로 노동이사제를 도입할 경우 경영 효율성에 부정적인 영향을 미칠 가능성이 있다"라며 "공공기관에 대한 전면 노동이사제 도입이 민간 회사에 미치는 영향도 클 것으로 예상되므로 이에 대한 충분한 논의와 검토가 있어야 한다"라고 지적했다.

어찌 보면 찬반 주장은 논점 차이… 반대 측도 도입 거부보다 제도 운용 역기능 지적에 초점

기왕에 시행키로 한 이상 도입 여부에 대한 다툼은 의미를 잃었다. 어찌 보면 그동안의 찬반 충돌도 논점의 차이에 기인한 바 컸다. 반대론자 주장도 도입 여부에 대한 거부감이라기보다 오용과 악용이 가져올 수 있는 역기능에 초점이 맞춰져 있었다. 그렇다면 제도가 소기의 목적을 달성하도록 운용의 묘를 살리는 수밖에 없다. 추후 기획재정부가 시행령에서 제도 시행 시 예상되는 제반 문제점을 세심히 고려해 적극적으로 반영해야 할 것이다.

노동이사의 과도한 경영 간섭에 대한 우려부터 불식시켜야 한다. 기업의 생존, 주주 이익, 공익보다는 고용안정, 임금 인상, 복리후생을 우선시하는 이기주의를 차단해야 한다. 그런 점에서 제도의 원조인 독일의 사례는 참고가 될 수 있다. 독일은 경영이사회와 감독이사회를 이원화, 노동자 대표가 참여하는 감독이사회는 법률 검토 등 제한적 역할만 수행한다. 우리나라도 노동이사제가 경영에 관련된 사항에는 참여를 배제하는 방안을 고려할 수 있을 것이다.

노동이사가 기존 이사회 운영의 거수기가 될 수도 있는 점도 경계 사항이다. 통상 10여 명 내외의 이사회에서 노동이사가 한 명이 영향력을 행사하기 어렵다. 이사회에서 쓴소리하거나 표결에서 주류 의견에 반대하는 정도에 그칠 수 있다. 이런 일이 벌어지지 않으려면 이사회 부의 전에 안건 조정 단계에서부터 노동이사 참여를 보장할 필요가 있다. 정보를 열람하거나 자료 제출을 요구할 수 있는 권한도 주어져야 한다.

노동이사제가 노조 간부의 감투로 악용되거나, '의사결정에 노동이사도 동의했다'는 식의 명분 쌓기에 동원되는 일도 안 생기게 해야 한다. 제도에 대한 이해를 높이는 교육훈련 시스템이 절실한 이유다. 정부가 커리큘럼을 마련하거나 교육기관에서 일정 기간 교육을 받게 할 필요가 있다. 독일은 한스뵈클러재단을 통해 노동이사에 대한 교육과 활동을 지원한다. 무릇 제도는 운용하기 나름. 선한 의도와 긍정적 마인드가 요체다. (2022. 1. 14.)

제3장
고삐 풀린 종부세,
더 험한 꼴 보기 전에 바로잡아야

세금은 유용과 위험 동시에 가지는 '양날의 검'… 정부 필요에 따라 조세 쥐락펴락해선 안 돼

12월은 잔인한 달. 적어도 집 가진 자에게는 그렇다. 한껏 무겁게 매겨진 종합부동산세 때문이다. 이미 납기에 접어든 상태이나 여진이 계속된다. 원성이 자자하고 불만이 하늘을 찌른다. 7월과 9월 두 번에 걸쳐 급등한 재산세를 낸 데 이어, 12월부터는 폭증한 건강보험료까지 물게 된 터. 충격이 더 크게 와닿는다.

종부세 도입은 처음부터 의도적으로 접근된 측면이 있다. 노무현 정부가 부동산 투기와 가격 상승을 잠재우기 위해 부유세 형식으로 도입했다. 부유층의 고가 주택을 타킷으로 삼은 배경이 그러하다. 시행 첫해인 2005년에는 과세 대상이 그리 많지 않았다. 주택분 종부세 대상자가 3만 6,000여 명, 세액은 391억여 원 정도였다. 유감스럽게도 종부세를 시행했어도 집값은 잡히지 않았다.

이명박 정부와 박근혜 정부 시절에는 종부세가 별다른 논쟁거리가 되지 못했다. 집값 자체가 오르지도 않은 데다 제도를 바꿔 세부담을 덜어 줬기 때문이다. 문재인 정부 들어 상황이 돌변했다. 집값 폭등과 공시지가 인상 등으로 종부세 문제가 재점화되었다. 2020년 종부세가 1조 8,000억 원으로 올랐고 2021년은 5조 7,000억 원으로 뛰었다. 과세 대상자만도 94만 7,000여 명에 달했다.

종부세 부담은 어느새 전국적 현상이 되었다. 비非서울 종부세 납부 대상이 절반에 육박한다. 세종은 대상자가 3배 폭등했고 충북은 세액이 9배 폭증했다. 문제는 대상자 중 상당수가 서민인 점이다. 부모 모시려 2주택을 가진 사람, 세금 납부 여력이 없는 은퇴한 고령자 등 투기와 상관없는 사람이 적지 않다. 부유세 취지는 퇴색한 지 오래다. 조세 부담 형평성 제고와 부동산 가격안정 도모라는 종부세법에 규정된 목적과도 거리가 한참 멀어졌다.

종부세 도입은 의도적 접근… 처음에는 강남권 고가 주택 타깃 삼았으나 이제는 전국적 현상

종부세 제도는 허점투성이다. 과세 대상부터 논란거리다. 가격 상승이라는 미실현소득에 대한 과세라는 게 약점으로 꼽힌다. 같은 부유세 성격의 금융소득종합과세가 실현소득에만 과세하는 것과 대조적이다. 집값은 오르기도 하고 내리기도 한다. 지금은 올랐어도 나중엔 내릴 수 있다. 가격이 올랐다고 실현도 안 된 이익에 세금을 매긴다면 가격이 내려갈 때는 내린 만큼 세금을 돌려주는 게 맞다.

과세 목적 또한 모호하다. 종부세가 '부유세'인지 '보유세'인지. 아니면 투기를 막는 '보복세'인지 세금을 거두려는 '보충세'인지. 잘 구별이 안 된다. 종부세 찬성론자는 부동산 투기를 억제하고 불로소득을 차단하는 효과를 내세운다. 세금부과로 부동산 투기를 잠재울 수 있고 주택 구매 의도를 무디게 할 수 있다는 주장을 편다. 투기수요를 잠재우기 위해 세금이라는 비용을 증가시켜 주택을 매력적 투자수단으로 보이지 않게 할 수 있다는 논리다.

종부세 반대론자는 이와 의견이 판이하다. 조세보다 징벌적 벌과금 성격이 강하다는 견해를 피력한다. 일정 금액 이상의 부동산을 과세 대상으로 하는 것 자체가 징벌성이 있다는 사실을 방증한다는 의견이다. 부동산 가치 상승에 대한 미실현소득에 대한 세금을 내기 위해 해당 부동산에서 발생한 소득이 아닌 사업이나 근로소득으로 세금을 내야 하는 점을 그 증거로 든다.

중복 과세라는 비난도 면하기 어렵다. 같은 시가 상승분에 대해 세금을 두 번 물리는 셈이기 때문이다. 부동산을 보유하는 동안에는 종부세를, 처분 시점에 가서는 다시 양도세를 부과한다. 그러면서 종부세로 냈던 시가 상승분에 대한 세금 부분은 양도세를 산정할 때 차감도 안 해 준다. 또 종부세는 재산세와도 중첩된다. 같은 과세물건에 대해 재산세와 종부세를 이중으로 과세가 이뤄진다.

국민의 부동산 고통 덜어 주려면… 보유세 감축, 양도세 인하 등 부동산정책 전면 재검토해야

부동산 공시가격 11억 원으로 정해진 '고액'의 기준도 작위적이다. 일정한 원칙도 기준도 없다. 중구난방이다. 2008년 11월 헌법재판소의 일부 위헌 결정 이후 과세 기준이 공시가격 9억 원으로 유지돼 오다 올 9월 11억 원으로 올렸다. 실거래가 기준 12억 원의 양도세 비과세 기준이나 공시가격 9억 원 이하인 1가구 1주택자에 대한 재산세 감면 기준과 차이가 난다. 부동산 중개보수 최고요율 적용 구간인 실거래가 15억 원과도 다르다.

종부세는 세 부담도 무겁다. 솔직히 가혹할 정도다. 1주택자에 대한 최고 세율은 3%, 조정대상지역 2주택자 이상에는 6%가 부과된다. 20% 가산되는 농어촌특별세까지 더하면 7.2%에 이른다. 단순 계산으로 14년이 지나면 정부에 집을 뺏기는 꼴이다. 후폭풍이 걱정된다. 집주인들이 세금 부담을 세입자에게 전가할 개연성이 크다. 벌써 그런 현상이 현실로 벌어지고 있다. 전·월세가 오르고 전세가 월세로 바뀌고 있다.

정부는 당최 눈치가 없다. 돌아가는 분위기 파악이 안 된다. '그래 봐야 전 국민의 1.8%에만 부과되는 세금'이라는 항변이나 내놓는다. 학생이나 군인뿐 아니라 갓난아기까지 다 분모에 넣은 수치를 기준하고 있는 게 실로 어이가 없다. 가구 수나 가족을 고려하면 국민의 10% 안팎이 종부세 사정권에 드는 걸 생각지도 못한다. 대상자가 소수라 해서 종부세를 합당한 정책으로 정당화하려는 시도가 참으로 한심스럽다.

국민의 담세 능력을 초과하는 세금은 지속되기 어렵다. 오른 세금을 물고 나면 소비가 위축된다. 경기가 침체하고 성장잠재력도 추락한다. 진정 국민을 부동산 고통에서 벗어나게 하려면 부동산 정책을 어서 재검토해야 한다. 종부세를 개편해 보유세 부담을 덜어 주고 양도소득세율을 낮춰 주택 거래를 활성화해야 한다. 세금은 유용과 위험을 동시에 가지는 '양날의 검'. 정부가 필요에 따라 조세를 쥐락펴락해선 안 된다. 국민만 죽어나고 나라도 힘들어진다. (2021. 12. 6.)

제4장
소득 좀 있다고 깎아 대는 국민연금,
"나이 들면 가난하게 살라고?"

따로 노는 고용과 복지… 한쪽에선 노인 일자리 만들기, 다른 쪽 에선 일하는 노인 연금 깎기

취업자가 늘었다. 듣던 중 반가운 소리다. 통계청의 '2021년 6월 고용동향'이 희소식이다. 취업자 수가 2763만 7,000명으로 전년 동월 대비 58만 2,000명 늘었다. 코로나 발생 이전인 2019년 6월 에 비해서도 22만 9,000명 증가했다. 기쁨도 잠시. 내막을 들여다 보면 실망에 빠진다. 지난 2년 동안 60대 이상 취업자만 두 자릿 수로 늘어났을 뿐, 경제의 허리인 30~50대 취업자 수는 되레 감소 했다.

2년 전보다 30대 취업자 수는 30만 8,000명, 40대는 16만 8,000 명, 50대도 7만 3,000명 줄었다. 반면 60대 취업자 수는 15.1% 늘 었다. 60대 취업자 수는 2019년 6월까지만 해도 30대 취업자보다

69만 3,000명 적었으나, 올 6월에는 30대보다 35만 2,000명 더 많아졌다. 정부의 공공 노인 일자리 사업의 덕이 크다. 30대 취업자 수 감소는 도소매업 등 서비스업종에서 고용이 줄고, 취업 준비, 학업 등 비경제활동인구가 는 게 원인으로 풀이된다.

정부가 일자리 확대를 위해 무진 애를 쓴다. 하지만 기대만큼 성과가 나오지 않는다. 30대가 주로 많이 종사하는 업종 중 제조업은 회복세이나, 도소매업은 감소세를 못 면한다. 고용회복의 걸림돌로 작용한다. 여기에 코로나19 팬데믹, 자동화, 무인화, 비대면화 등 경제 환경 변화도 30~40대 취업자 증가 속도를 상대적으로 더디게 하는 요인의 하나다.

그래도 정부는 고용회복을 크게 반기는 눈치다. 취업자 증가 수가 코로나19 발생 이전보다 많은 사실만으로도 만족해한다. 경제부총리는 "취업자 수가 코로나19 직전인 작년 2월 취업자 수의 99.4%까지 회복됐다"라며 "고용상황이 개선되고 있다"라고 자랑한다. 질적인 측면은 그렇다손 치더라도 양적 성장이 이루어진 만큼 '절반의 성공'은 달성한 셈이다.

2년 동안 60대 이상 취업자 수가 늘었으나… 경제의 허리인 30~50대 취업자 수는 되레 감소

모든 정부 정책이 일자리 창출에 힘쓰는 것 같으나 실상은 그렇지 않다. 일부 정책은 되레 근로의욕을 떨어뜨려 고용 확대를 방해한다. 국민연금이 그중 하나다. 연금 수령자의 월 소득이 일정 수준을 넘으면 5년간 연금을 삭감한다. 부양가족연금도 지급하지 않는다. 일정 수준을 넘는 소득액이 100만 원 미만이면 5%를 깎는다. 이후 100만 원이 오를 때마다 5%씩 추가로 감액한다. 400만 원 이상이면 25%를 깎는다. 이런 식으로 연금의 절반까지 칼질을 늘려 간다.

이렇게 삭감을 당하는 국민연금 수급자는 8만 5,400명에 이른다. 과잉보장 방지가 삭감의 이유다. 소득 있는 사람에게 연금이 많이 돌아가선 안 된다는 논리다. 국민연금을 온전히 못 받는 이유는 이 말고도 또 있다. 한 사람에게 연금이 두 개 돌아갈 때 중복조정 삭감을 한다. 연금이 45만 원을 넘으면 65세 이후에 기초연금을 최대 15만 원 깎는다. 그래서 깎아진 돈이 지난해 기준 1,321억 원이다. 국민연금 적립금 674조 원에 비하면 있으나 마나 한 돈이다.

연금 삭감은 이중과세의 여지가 있다. 연금과 근로소득에 세금을 매기고 다시 연금을 깎는 건 사실상 중복과세에 해당할 수 있다. 법적인 문제를 떠나서라도, 국민연금만으로 생활하기 힘들어 은퇴 후에도 근로 현장을 떠나지 못하는 노년층에 대한 예의가 아니다. 국민의 생활 안정과 복지증진을 표방하는 국민연금 제도의 목적과도 배치된다. 노령으로 인한 근로소득 상실을 보전하기 위한 운영되는 노령연금의 취지에도 어긋난다.

솔직히 나이 들어서까지 힘들게 일하고 싶은 사람은 없다. 하고 싶은 일 하고 손자 재롱떠는 거나 보며 편안한 노후를 보내고 싶다. 실업급여 제도의 허점을 악용해 급여를 받아 내는 얌체 근로자들을 보면 자신들도 그러고 싶다. 그런데도 육체적 고통과 정신적 창피를 무릅쓰며 돈 몇 푼 벌어 보겠다고 노구를 이끌고 허드렛일을 마다하지 않는다. 이들에게 후원은 못 할망정 알량한 연금마저 깎다니.

당면한 근로 현실 직시해야… 실익도 없으면서 부정적 인식만 심어 주는 연금 삭감은 폐지돼야

이웃 나라 일본을 보라. 정부가 노인복지 비용 증가와 노동력 부족 문제를 해결하기 위해 일하는 노인 인구를 늘리는 데 적극적이다. 고령자를 고용한 회사나 고령자가 창업한 회사에는 장려금을 지급한다. 실제로 그래서 정년을 연장하는 회사가 크게 늘고 있다. 고령자에게 재취업을 위한 다양한 취업 교육의 기회를 제공하고, 고령자 취업센터와 관련 사이트가 잘 운영되도록 온갖 후원을 아끼지 않는다.

고령화 문제가 심각하다. 비단 우리만의 문제도 아니다. 세계가 함께 늙어 간다. 사람이 오래 사는 것은 축복일 수 있으나, 국가나 사회적으로는 적지 않은 부담으로 작용한다. 생산보다 소비가 많은 노인 인구의 증가로 저축과 투자가 줄어든다. 노동력이 부족하게 되어 국가 경제가 활력을 잃게 된다. 지급해야 할 연금이 늘어 국가재정에 부담을 주며, 노인 빈곤과 질병 및 소외 등 많은 문제를 일으킨다.

유럽 선진국이 가장 먼저 고령화를 맞았다. 그리고 고령화 문제를 저출산 대책과 함께 접근했다. 출산율 저하 문제에 가장 적극적으로 대응한 나라는 프랑스다. 다양한 출산 장려 제도를 일원화해 유아 환영 정책으로 통합했다. 중산층 이하 서민들에게 임신·출산과 관련해 기본 지원금을 지급하는 것은 물론, 양육비 지급, 직업 활동 보전, 산후 휴가 보조금 지급 등을 실시한다. 심지어 입양장려 정책까지 활발하게 펼친다.

실익도 없으면서 부정적 인식만 심어 주는 국민연금 식감. 폐지됨이 마땅하다. 당면한 근로 현실을 직시해야 한다. 근로자들은 대개 55세를 전후해 은퇴한다. 국민연금을 받을 때까지 7년가량 소득 공백기를 맞는다. 모아 둔 게 없는 대다수는 계속 일을 해야 한다. 그리고 받는 연금을 소득 좀 있다고 깎아 댄다. 나이 들면 가난하게 살라는 말이나 다름없다. 노인 일자리 확대와 국민 재난 지원금 지급과도 모순된다. 같은 정부가 펴는 고용과 복지 정책이 따로 논다. (2021. 7. 27.)

제5장
'대선 주자에 고함',
공돈 주려 말고 연금 개혁 정사진부터 그리라

4대 공적연금 모두 중병… 공무원·군인연금 바닥, 국민연금 2055년, 사학연금 2044년 고갈

'기브 앤 테이크'는 세상사 원리다. 주는 게 있어야 받는 게 있다. 경조사에서 극명하다. 내가 남의 애경사를 챙겨야 남도 나의 대소사를 찾는다. 인간관계에서 일방적 시혜란 없다. 있어도 오래가지 못한다. 신神만이 대가 없는 은총을 베푼다. 인간은 이기적 동물이다. 거저 얻거나 값을 치르지 않는 것에 마음이 쉽게 움직인다. 주는 것은 주저해도 받는 것엔 반색한다.

대한민국은 '다신교' 국가다. 자비로운 신들이 즐비하다. 대선 주자 간 자선 경쟁이 뜨겁다. '누가 누가 잘 퍼 주나!' 애들 시합하듯 한다. 코로나를 구실로 소상공인·자영업자에 손실보상금을 지원하고, 국민에게 재난지원금 지급을 호언한다. 그도 모자라 기본소득, 공정소득, 안심소득 등 온갖 공돈 지급을 장담한다. 재원 마련과 채무 상환에는 가타부타 말이 없다. 갚는 건 나중 일이고 그나마 다음 세대 몫이라 걱정도 안 한다.

국가 최고지도자를 꿈꾸는 자들의 행동에 걸맞지 않다. 자기 돈 아니라고 그러는 게 아니다. 나랏돈이 어떤 돈인가. 국민의 피땀 어린 혈세다. 표 끌어모을 생각에 생색 거리만 찾고 그렇지 않은 일에는 본체만체하는 이중성. 속이 훤히 들여다보인다. 난제일수록 더 큰 관심을 두고 때맞춰 대책을 세워야 하나, 그러려는 의지나 그럴만한 능력의 소유자가 눈에 띄지 않는다. 하려는 사람은 많은데 할만한 사람이 없다.

사설이 길어진 건 연금 개혁을 말하기 위해서다. 국민·공무원·사학·군인 등 4대 공적연금 모두 중병에 걸려 있다. 병세가 위중하나 수술은커녕 변변한 처방조차 없다. 언제 폭발할지 모르는 위험 국면이나 다들 태연함을 가장한다. 혹시라도 다음 정부에 '폭탄 돌리기'를 하려는 건 아닌지. 여기에 주무 부처가 복지부(국민연금)·인사혁신처(공무원)·교육부(사학)·국방부(군인)로 흩어져 있다 보니, '공동책임 무책임'의 형국이다.

4대 공적연금 말라 가는데, 정부와 정치권은 '본체만체'… 보다 못한 대학교수가 나서 '쓴소리'

보다 못한 대학교수가 나섰다. 이창수 한국연금학회 차기 회장이 총대를 멨다. 연금학회·인구학회 학술대회에서 듣기에는 거슬리나 도움이 되는 말을 꺼냈다. "저부담·고급여 체계가 계속 유지되고 있다. 보험 수리적 수지상등 원칙 위배이며, 이로 인한 잠재 부채가 누적되고 있고 후세대에 부담 전가가 이어진다"라며 "연금 정책 관련 컨트럴 타워가 부재해 종합적 처방이 불가능한 구조"임을 지적했다.

학술대회 발표 내용이 섬뜩하다. 국민연금은 2055년, 사학연금은 2044년 고갈된다. 공무원·군인연금은 바닥난 지 오래다. 2001년, 1973년부터 매년 국고에서 각각 1조 원에서 3조 원을 메워왔다. 선망의 대상인 공무원의 노후를 팍팍한 삶의 국민이 책임지고 있다. 논문에 따르면, 국민연금은 보험료율을 내년에 당장 9%에서 19.68%로, 사학연금은 18%에서 32.4%로 올려야 한다. 공무원연금은 10.3~13.4% 포인트, 군인연금은 7.2~12.7% 포인트 더 내야 한다.

예상대로 2055년에 가서 국민연금이 고갈되면 소득의 30%를 보험료로 내야 한다. 내버려 두면 2088년까지 1경 8,000조 원의 적자가 쌓인다는 분석도 있다. 지난해 공무원·군인연금 지급 부채가 1,004조 원이었다. 나랏빛의 절반을 넘었다. "국민연금 미적립 부채가 1,500조 원에 달한다", "4대 공적연금 적자를 메우려면 2065년 예산의 24%를 써야 한다." 전문가의 경종이 잇따라 울려댄다.

정부라고 손 놓고 있었을 리 없다. 나름대로 힘을 쓰기는 했다. 노무현 대통령은 선거 때는 국민연금 개혁을 반대했으나, 취임하고 나서 개혁에 착수했다. 재임 기간 중 "하루 800억 원의 잠재 부채가 생긴다"라며 국회와 국민을 설득했다. 박근혜 대통령도 공무원과 야당을 압박하며 2015년 연금 개혁을 시도했다. 그 덕에 공무원·사학연금의 부실이 더 커지는 것을 일정 부분 막을 수 있었다.

연금 개혁만큼 시급한 과제 없어… 미룰수록 해결 힘들고, 급기야 파산으로 내몰릴 수 있어

문재인 정부 또한 애를 썼다. 2018년 복지부가 개혁안을 마련했다. 대통령이 "국민 눈높이에 맞지 않는다"라며 퇴짜를 놓았다. 국민연금 재정 재계산을 해서 사지선다형 방안을 국회에 제출했다. 그게 끝이었다. 공무원·사학·군인연금은 재정 재계산을 하고 제대로 알리지도 않았다. 그 사이 출산율은 세계 최저 수준으로 떨어졌다. 인구 자연 감소 추세는 더욱 심해지고 있다.

연금 개혁만큼 시급한 과제가 없다. 다가올 대통령 선거에서도 최고 이슈로 다뤄져야 할 사안 중의 하나다. 상황이 이 지경인데도 어느 누구 하나 연금의 '연' 자도 꺼내려 않는다. 정치권은 온통 선거에만 정신이 팔려 있다. 한 표라도 더 얻기 위해 한 푼이라도 더 못 주어 안달이다. 5차 재난지원금 지급기준을 두고도 부질없는 입씨름으로 허송세월이다. 부지하세월로 늑장만 부린다.

말이나 못 하면 밉지나 않을 터. 정부는 공무원·군인연금의 국가부채는 확정 부채가 아니라 걱정할 필요가 없다고 한다. 국민연금 미적립 부채는 국가부채가 아니라고 주장한다. 국가가 국민의 사용자가 아니라는 이유를 댄다. 어이가 없다. 걱정 안 해도 될 부채는 세상에 없다. 국민연금 부채도 결국은 나라가 책임져야 한다. 차세대에 미뤄서 될 일도 아니다. 힘들어도 기성세대가 경제 현장에서 퇴장하기 전에 연금 부담을 늘리는 등 적절한 해법을 찾아야 한다.

학창 시절, 숙제를 안 하고 학교에 가도 선생님께 꾸중 한번 들으면 그냥 넘어갈 수 있었다. 연금 개혁은 그러지 못한다. 피한다고 피해지지 않는다. 언제 해도 해야 한다. 미루면 미룰수록 해결만 어렵고 힘들어진다. 급기야 파산의 막다른 골목에 내몰릴 수 있다. 대선 주자에게 고한다. 세금 걷고 빚 내 선심 쓰려 말고, 연금 개혁의 청사진부터 그리시라. 표심 확보에도 이만한 묘책이 없으리니. (2021. 7. 6.)

제6장
'오버스윙' 부동산 대책,
전소(全小) 공직자 재산 등록으로 투기 잡힐까

'과過해서 탈'… "대책이 강해야 효과가 클 것"으로 믿는 정부에 당부하고 싶은 말

'과過' 자가 붙어 좋은 단어가 없다. 접두어로 들어가면 좋던 이미지가 정반대로 돌변한다. 속도가 빠르면 과속이 되고 소비도 지나치면 과소비가 된다. 의욕이 과하면 과욕이 되고 음식물 섭취도 많으면 과음과 과식이 되고 만다. 물도 그릇에 차면 넘치고, 비타민도 과용하면 득보다 실이 많다. 지나침은 미치지 못함과 같다. 과유불급이다.

정부 정책에서도 발생하는 현상이다. 작은 일을 크게 불려 떠벌려 대응할 때가 드물지 않다. 사안과 비교해 대책이 지나친 경우가 흔하다. '바늘만 한 것을 몽둥이만 하다'고 부풀려 말하는 침소봉대가 잦다. 좋게 보면, 정부가 일을 잘해 보려는 '적극 행정'으로 이해될 수 있다. 반면 국민에게 잘 보이기 위한 '전시 행정'의 노림

수가 숨어 있을지도 모른다.

　개발정보를 이용해 땅 투기를 벌인 한국토지주택공사LH 사태가
터졌다. 정부 대책 중의 하나가 공직자재산 등록 개선이다. 현재 4
급 이상 고위직에 한정된 대상이 전숯 공직자로 확대된다. 집값 폭
등에 LH 사태까지 겹친 상황에서 나온 고육지책으로 이해된다.
과도한 측면도 없지 않다. 9급 공무원까지 싸잡아 잠재적 투기자
로 모는 것 같아 불길하다. 빈대 잡으려다 초가삼간 태울까 염려
된다.

　공무원들의 속이 편할 리 없다. 대놓고 말은 못 해도 불만이 상
당할 수 있다. 업무상 취득한 정보가 아니라 정상적 방법으로 집
과 땅을 장만한 애먼 사람까지 투기꾼으로 엮일까 걱정할 것이다.
공무원은 부동산을 취득하면 안 된다는 경고로도 들릴법하다. 공
복公僕도 사람이고 국민이다. 헌법 제10조는 "모든 국민은 인간으
로서의 존엄과 가치를 가치며, 행복을 추구할 권리를 가진다"라고
명시하고 있다.

**가난한 자는 없는 것도 창피하고 서러운데… 절대적 빈곤감과 상
대적 박탈감에 두 번 울어야**

　말 못 할 고민은 따로 있어 보인다. 사생활 침해다. 개인별 재산
상황이 공개되는 것 자체가 유쾌하지 못하다. 재산이 많아도 걱정
이다. 공직자가 그 많은 재산을 어떻게 모았는지에 대한 의아스러

운 눈총을 받을 수 있다. 시기와 질투, 비난거리가 될 수 있다. 재산이 없는 자의 고통은 이에 비할 바 아니다. 무능의 소산으로 비치는 게 창피스럽다. 가난한 것도 억울하고 서러운데 절대적 빈곤감과 상대적 박탈감에 두 번 울어야 한다.

전술 공직자 재산 등록이 간단치 않다. 업무량이 방대하고 절차가 복잡할 수 있다. 어쩌면 이를 전담하는 별도의 기관을 세워야 할지 모른다. 상당수 인력과 막대한 비용 지출이 수반될 것이다. 등록대상을 늘린다고 투기가 사라질 것 같지도 않다. 고위공직자 대상의 현행 제도 또한 제구실을 못 해 왔다. 지난 10년간 재산 등록 공직자 130만 명 중 재산형성과 관련해 수사기관의 조사를 받은 사람은 4명에 불과하다. 공직자 비위를 제대로 걸러내지 못했다.

투기 방지를 위한 과잉 대책은 이 말고도 또 있다. '부동산 감독 기구' 설치다. 정부가 2020년 9월 부동산 시장을 상시 모니터링하고, 불법행위 등을 포착·적발해 신속히 단속·처벌하는 상시 조직을 만든다고 밝혔다. 가칭 '부동산감독원'이다. 연이은 대책에도 부동산 시장 과열이 잡히지 않자 궁여지책으로 관리·감독기구 신설까지 구상했다. '감독원'이라는 명칭이 주는 부담감 때문이었는지 추후 '거래분석원'으로 바꿨다.

지나친 시장 통제·감시와 개인정보·재산권에 대한 침해 위험이 있다는 비판이 높아지자 논의가 수면 아래로 잠수했다. 불씨가 꺼진 건 아니다. 지난달 말 홍남기 경제부총리는 LH 사태 재발 방지

대책으로 이를 다시 꺼내 들었다. "일정 규모 이상의 투기 의심 토지 담보대출은 신설 예정인 부동산거래분석원에 통보해 대출을 통한 무분별한 토지투기를 차단하겠다"라는 의지를 밝혔다.

정책 추진에서 적극성 발휘는 필수적… 다만, 상황에 걸맞은 대안 추출의 진중함이 더 중요

대책이 큰 만큼 설명도 거칠다. 대검은 "업무상 비밀을 이용하거나 개발정보를 누설하는 등 공직자 지위를 이용한 부동산 투기 범행을 중대한 부패 범죄로 간주, 원칙적으로 전원 구속할 예정이다"라고 밝혔다. "공직자의 부동산 투기 범행은 법정 최고형을 구형하고 적극적인 양형 부당 항소를 통해 죄에 상응하는 처벌이 되도록 무관용 원칙을 세우기로 했다"라는 말도 덧붙였다. 말이 설명이지 위협에 가깝다. 재수 없이 걸려들었다간 뼈도 못 추리게 생겼다.

과잉조치는 금융정책에서도 눈에 띈다. 금융소비자보호법이 시행되면서 불완전판매를 막기 위해 '설명의무'가 규정되었다. 금융창구가 뜻밖의 혼란이 빠졌다. 금융회사들이 만일의 상황에 대비, 상품설명서를 모두 읽어 준 뒤 소비자가 동의하는 내용을 녹취하고 나섰다. 은행원이 설명서를 줄줄 읽고 소비자는 건성으로 듣다 동의하는 어이없는 일이 벌어지고 있다. 소비자의 상품 이해도를 높인다는 취지가 고객 불편만 키우고 있다.

정책 추진에 있어 적극성 발휘는 필수적이다. 다만, 필요조건은 될지언정 충분조건은 되지 못한다. 돌다리도 두들겨 건너는 자세로 위험 요소를 미리미리 파악해 상황에 맞은 최적의 대안을 추출하는 진중함이 더 중요하다. 작은 상처에는 작은 치료가 유효하다. 과잉진료는 회복을 더디게 하고 후유증을 키울 수 있다는 게 전문 의료인들의 이구동성이다.

『선가귀감禪家龜鑑』에 이런 법문 한 소절이 나온다. "공부는 거문고 줄을 고르듯이 하여 팽팽하고 느슨함이 알맞아야 한다. 너무 애쓰면 집착하기 쉽고, 잊어버리면 무명에 떨어지게 된다. 성성하고 역력하게 하면서도 차근차근 끊임없이 해야 한다." 여기서 '공부'라는 단어를 '정책'으로 바꿔보면 의미가 새롭다. 대책이 크고 강하면 효과가 클 걸로 여기는 '오버스윙'의 정책 당국에 교훈으로 전한다면 너무 당돌한 훈수일까. (2021. 4. 9.)

제7장
"건강보험료가 사람 잡네",
공시지가 올라 피부양자 탈락 '아우성'

힘들 때일수록 복지 운용 빈틈없어야… 만인이 수긍하는 원칙·기준 세워 국민 행복 지켜야

"어디 취직할 데 없나요?" 요즘 들어 노년층이 부쩍 자주 하는 말이다. 건강보험료 때문이다. 자녀 건강보험에 피부양자로 올라 건보료를 안 냈으나 주택 공시가격이 오르는 바람에 낭패를 당했다. 지역가입자로 전환되어 안 내던 건보료를 새로 물게 되었다. 공시가격이 오르면 보유세도 늘어나나 부담이 건보료에 비할 바 아니다. 종합부동산세는 장기보유·고령자 감면이 있고 일 년에 한 번만 내면 되나, 건보료는 그런 감면 혜택이 없고 매달 내야 한다.

실제로 수입 없는 퇴직자에게 건보료는 여간 큰 부담이 아니다. '건보료테크가 재테크'가 되었다. 용돈 수준의 노인 일자리에 지원자가 몰리는 것도 건강보험과 무관치 않다. 돈도 돈 이려니와 건보료 부담을 조금이라도 줄여보려는 속마음이 엿보인다. 국토교통부가 발표한 2021년 전국 평균 공시가격이 지난해보다 19.08% 올랐다. 2020년 상승률 5.98%의 3배가 넘는다. 세종시는 일년 전보다 70% 넘게 급등했다.

재산 보험료는 공시가격의 60%를 과세표준으로 잡는다. 지역 간 구분 없이 60등급으로 나눠서 '재산 보험료 등급표'에 근거해 산출한다. 피부양자 자격이 까다로워지고 있다. 연 소득이 3400만 원이 넘거나, 과세표준 재산이 5억 4000만~9억 원에 연간 소득이 1000만 원 넘으면 안 된다. 또 재산이 9억 원을 초과하면 소득이 전혀 없어도 피부양자 자격을 잃고 만다. 공시가격 변동 등으로 올해 피부양자 탈락자가 1만 8,000명에 이를 것으로 추정된다.

정부는 2022년 6월까지 한시적으로 지역가입자 보험료 산정 시 건보료를 책정하는 재산 과세표준에서 500만 원을 공제한다. 갑작스러운 보험료 상승을 막기 위해서다. 그래도 127만 세대의 건보료가 오르게 된다. 한시적 조치가 끝나고 나면 보험료는 도로 오를 수밖에 없다. 공시가격이 오르면 재산공제도 걸맞게 같이 올리는 게 당연하다. 공시가격에 재산공제를 연동해 자동으로 올리고 세분화해야 하는 게 이치에 맞다.

공시지가 상승으로 안 내던 건보료 새로 내야… 올 한 해만 피부양 자격 탈락자 수 1만 8,000명

정부도 할 말은 있다. "피부양 자격에서 제외되는 경우는 약 0.1% 수준으로 예상되며 이들 대부분이 고령층인 여건을 고려해 내년 6월까지 한시적으로 신규 보험료의 50%만 부과할 방침"이라 밝혔다. 피부양 탈락자 수보다 제외 비율을 내세우는 논리가 옹색해 보인다. 건보료 부과체계 개편 2단계 조처에서 공시가격에 따른 변동을 일정 부분 완화될 거라는 설명에도 별 믿음이 안 간다. 순간 모면의 평계로 들린다.

공시가격 상승은 가진 자들만 힘들게 하는 것이 아니다. 없는 자들에는 더 큰 피해를 안겨 준다. 공시가격이 오르면 40여 가지의 복지 급여나 서비스가 영향을 받게 된다. 기초연금은 재산을 소득으로 환산하고, 건강보험은 재산의 커트라인을 정해 운용된다. 정부는 "기초연금 수급자의 63%가 주택을 갖고 있고 이 중 97%가 3억 원 이하이다. 기초생보 생계급여 수급자의 10%만 부동산이 있고 저가라서 공시가격 영향이 크지 않을 것"이라고 설명한다.

실상은 다르다. 정부가 주장하는 바와 상당한 차이를 보인다. 기초연금의 경우만 하더라도 소득과 재산 변동에 따라 매년 1만~2만 명가량이 수급자가 탈락하는 실정이다. 2019년 공시가격이 5.23% 올랐을 때도 1만 6,000명이 수급자에서 제외되는 일이 벌어졌다. 2021년 탈락자 수도 2만 명가량에 이를 거라는 예상이다.

다만 재산을 소득으로 환산하기 전에 일정액을 공제한다. 효과가 별로다. 공시가격은 급등하는데도 재산공제는 제자리걸음이기 때문이다. 기초연금 재산공제액은 2014년 1억 800만 원에서 2015년 1억 3500만 원으로 25% 오른 뒤 지금까지 그대로다. 6년 전에도 1억 3500만 원, 지금도 1억 3500만 원이다. 공시가격은 2017~2021년에 서울시 67%, 세종시 92%가 올랐다. 이에 비해 기초연금수급자는 2020년 10년 만에 28% 오르는 데 그쳤다.

복지제도 운용기준 바꿔야… 피부양 범위 줄이고, 재산 기준 없애고 소득 중심으로 개편해야

해법은 어렵지 않다. 원칙과 상식에 따르면 된다. 복지제도 운용기준을 전면 손질할 필요가 있다. 소득 변화가 없는데도 공시가격이 올랐다고 건보료를 올리고 피부양자를 탈락시키며, 기초연금 등의 복지수혜를 박탈하는 건 온당치 못하다. 차라리 건강보험의 경우 형제자매까지 인정하는 후한 피부양자 범위를 배우자와 자녀로 축소하고, 소득 기준을 강화하는 쪽으로 개편하는 게 낫다.

궁극적으로 재산 기준을 폐지하고 소득 중심으로 부담금 부과체제를 진화시켜야 한다. 재산 특히 사는 집을 소득으로 환산해 적용하는 시대착오적 무리수를 더는 범하면 안 된다. 소득 파악이 힘들던 시절에 궁여지책으로 채택되었던 재산 기준이 여태껏 유지되어온 게 어찌 보면 신기하다. 대한민국만큼 소득 파악이 잘되는 나라가 많지 않다. 솔직히 국세청이 마음만 먹으면 소득 파악에 어려움이 없다.

정부가 손 놓고 있다는 얘기는 아니다. 수렁에 빠진 경제를 살리기 위해 무진 애를 쓰고 있다. 코로나 팬데믹 피해 지원을 위해 갖은 지원을 마다치 않고 있다. 백신 확보와 접종 확대를 위해 안간힘을 쓰는 것도 사실이다. 여기에 주택공급을 늘리기 위해 3기 신도시 계획을 발표하고 공공주택 개발에 가일 층 속도를 내는 것 또한 누구도 부인하기 힘들다.

당면 현실이 엄중하다. 줄어드는 일자리, 늘어나는 조세공과, 고개 드는 금리, 솟구치는 물가에 서민들의 지갑이 텅 비었다. 어렵기는 기업들도 마찬가지다. 매출 감소에 원자재가 상승, 물류비 급등으로 성장성과 수익성 양면에서 최악의 국면을 맞고 있다. 수주도 어렵지만, 주문을 받아도 손해인 경우가 허다하다. 지금처럼 힘들 때일수록 복지제도 운용에 빈틈이 없어야 한다. 만인이 수긍할 수 있는 원칙과 기준을 세워 국민 행복을 지켜야 한다.

(2021. 4. 1.)

제8장
'고가주택' 기준 13년째 요지부동, 몸집 커졌는데 옷은 그대로

'고가高價'라는 용어는 상대적 개념… 법령에서 절대 가격으로 특정하는 것 자체가 무리수

옷과 음식과 집은 사람이 살아가는 데 없어서는 안 되는 기본 요소다. 옷은 그중 으뜸이다. '의식주' 용어가 의衣 자로 시작된다. '춥고 배고프다', '헐벗고 굶주린다'라는 표현만 봐도 입는 게 먹는 것보다 우선이다. 안 먹어도 며칠을 견딜 수 있으나, 극한과 폭서에는 단 몇 시간도 버티기 어렵다. 아이들은 크는 게 빨라 옷을 오래 못 입는다. 금세 작아져 멀쩡한 옷도 버려야 한다. 몸에 옷을 맞춰야지 옷에 몸을 맞출 순 없다.

이런 당연한 원리가 지켜지지 않는 경우가 더러 있다. 부동산 제도의 '고가주택' 기준도 그중 하나다. 현행법상으로 주택가격이 9억 원을 넘으면 고가주택으로 분류된다. 고가주택 소유자는 세금과 대출에서 각종 불이익을 감내해야 한다. 현행 고가주택 기준이 정해진 건 2008년. 그때 정해진 9억 원이 여태껏 그대로다. 13년 전에도 9억 원, 지금도 9억 원이다. 고가古價가 고가高價인 셈이다.

같은 9억 원이라도 제도마다 잣대가 다르다. 종합부동산세는 공시가격을 기준으로 한다. 1가구 1주택 종부세 과세 기준은 공시가격 9억 원이다. 초창기에는 6억 원으로 했다가 2008년 12월 9억 원으로 올렸다. 당시 초고가 주택의 상징이던 강남 타워팰리스 84제곱미터의 공시가격이 10억 2400만 원이었다. 2021년 공시가격은 16억 1200만 원으로 6억 원가량 뛰었다. 시세는 대략 22억 원 정도로 두 배 이상 올랐다.

2008년만 해도 전국 공동주택 933만 2,556가구 중 공시가격 9억 원 초과 주택은 1.0%, 9만 3,675가구에 불과했다. 서울 지역 공동주택의 경우 0.9%, 8만 6,201가구에 그쳤다. 그런데 올해는 어떤가. 전국 기준 3.7%, 52만 5,000가구, 서울 기준 16.0%, 41만 3,000가구가 9억 원을 넘었다. 그러니 종부세가 늘 수밖에. 2021년 종부세 납부 가구는 지난해 대비 전국 기준 69.9%, 서울 기준 47.0% 늘었다. 서울 아파트 중위가격이 지난해에 이미 9억 원을 넘었다.

2008년 정한 고가주택 기준… 13년 전에도 9억 원 지금도 9억 원, '고가古價 = 고가高價'

공시가격은 종부세와 재산세 말고도 건강보험료·기초연금 등 63개 항목을 산정하는 데 연동된다. 그런데도 정부는 공동주택 공시가격의 산정 근거를 명확히 제시치 못한다. 오른 가격만 달랑 공시한다. 공시가격 상승에 대한 불만이 하늘을 찌른다. 정책 실패로 인한 집값 상승에 원성이 자자하다. 주택 소유자가 이익을 실현한 게 아닌데도 집값이 올랐다고 세금만 오르고 있다. '소득이 있는 곳에 세금이 있다'는 조세의 기본원칙에 위배될 소지가 다분하다.

양도소득세는 실거래 가격을 적용한다. 주택거래로 생긴 시세차익에 대해 과세한다. 실거래 가격 9억 원을 기준으로 과세 여부가 판가름 난다. 양도세에 고가주택 개념을 처음 적용한 건 1994년이다. 소득세법 시행령에 '고급주택' 규정이 생겼다. 공동주택의 경우 전용면적 165제곱미터 이상이면서 양도가액이 5억 원을 넘으면 고급주택이었다. 1999년 금액 기준이 실거래가 6억 원 초과로 상향되었고, 2003년부터는 면적 기준이 없어지고 용어도 고가주택으로 바뀌었다.

2008년, 금액 기준이 '실거래가 9억 원 초과'로 상향된 후 여태껏 유지돼왔다. 부동산114에 따르면, 서울에서 시세 9억 원을 초과하는 아파트가 절반 이상이다. 2017년 21.9%이던 시세 9억 원 이상 아파트는 2018년 31.2%, 2019년 37.2%, 2020년 49.6%를 기록했다. 올해 1월에는 51.9%로 더 늘었다. 수도권 상황도 별반 다르지 않다. 2017년 9억 초과 아파트 비중이 1.1%이던 경기권은 올초 8%로 급증했다. 이러다 머지않아 온 국민이 고급주택에 살게 생겼다.

주택 관련 금융상품의 고가주택 기준은 시가 기준이다. 조정대상지역이나 투기과열지구는 시가 9억 원인 주택을 고가주택으로 본다. 또 이 기준 위아래 구간별로 주택담보대출인정비율LTV 적용 방식이 달라진다. 조정대상지역에서 시가 9억 원 이하 주택에는 LTV가 50%가 적용되고 9억 원이 넘으면 초과분부터 30%만 적용된다. 투기과열지구도 시가 9억 원을 기준으로 이하는 LTV 40%, 초과분은 20%다.

미실현 이익에 대한 과세, 조세원칙 위배 소지… 평균가 못 미치는 고가, 수학적으로 불성립

주택연금 가입은 공시가격을 기준으로 한다. 지난해 주택연금에 가입할 수 있는 주택 기준이 시가 9억 원에서 공시가격 9억 원으로 바뀌었다. 주택연금은 집을 담보로 금융기관으로부터 연금을 받는 일종의 역모기지론이다. 집을 사기 위해 금융기관에 돈을 빌릴 때는 실거래가를 적용하고, 역모기지론에서는 공시가를 적용한다.

중개수수료는 시가 기준이다. 시가 9억 원 이상 주택을 고가주택으로 보고 높은 수수료율을 적용한다. 고가주택 기준을 현실화해야 한다. 집값이 오르면 고가주택 기준도 따라 오르는 게 당연하다. 국민은행이 조사한 자료에 의하면, 지난달 서울 아파트 평균 가격이 10억312만 원에 달했다. 평균가에도 못 미치는 고가란 수학적으로 성립될 수 없는 명제다.

시가냐 공시지가냐를 두고 정부 필요에 따라 정하는 현행 고가주택 운용방식도 함께 손봐야 한다. 집값이 오른 건 모른 체하면서 세금만 더 거두려는 정부가 솔직히 얄밉고 언짢다. 집값 올랐다고 공시가격 올리고, 공시가격이 올랐다고 세금을 더 내라는 것은 언어도단이다. 원칙도 없고 논리도 없는 부동산 세제에 집 가진 자들은 속만 끓인다.

'고가'라는 용어는 상대적 개념이다. 법령에서 절대 가격으로 특정하는 것 자체가 무리수다. 변동이 심한 집값을 평가하는 기준으로 삼기에 부적절하다. 그보다는 상위 몇 퍼센트까지의 주택을 고가주택으로 정하는 게 바른 접근일 수 있다. 집값과 물가 상승률 등을 고려하고 사회적 합의를 거쳐 정기적으로 결정하는 게 이치에도 맞다. 몸에 안 맞는 옷은 빨리 버려야 하듯, 현실에 안 맞는 제도는 어서 고쳐야 한다. 안 하면 피해는 결국 힘없는 국민의 몫이다. (2021. 3. 20.)

제9장
'서울시 위에 세종시', '세종시 위에 신도시'

LH 사태가 부동산 문제 해결의 실마리 된다면 더없는 전화위복⋯ "고난은 악이 아닌 약"

서울은 과연 '특별시'다. 아무나 살기 힘든 특별한 도시다. 서울에서 집 마련은 하늘에서 별 따기다. 한국주택금융공사 주택금융연구원이 내놓은 보고서 내용이 섬뜩하다. 작년 4분기 서울의 주택구입부담지수KHAI는 153.4로 집계되었다. KHAI는 중간소득 가구가 표준대출을 받아 중간가격 주택을 사는 경우 상환 부담을 나타내는 지수다. 지수 100은 소득 25%를 주택구입담보대출 원리금 상환으로 부담한다는 것으로 숫자가 커질수록 부담이 늘어남을 뜻한다.

서울 집값이 올라도 너무 올랐다. 감히 넘볼 수 없는 수준이다. '2016~2020년간 가구주 연령대별 서울 아파트 PIR'에 따르면, 20·30대가 서울에서 내 집 마련을 위해서는 월급을 한 푼도 안 쓰고 15년을 모아야 하는 것으로 나타났다. PIRPrice to Income Ratio, 즉 소득 대비 주택가격 비율은 연 가구소득을 모두 주택 매입용으로 사용했을 때 걸리는 시간을 말한다. 먹고 살기도 빠듯한 급여 수준을 고려하면 내 집 마련은 이미 글렀다는 얘기나 다름없다.

서울에서 집 마련도 어렵지만 보유하기도 힘들다. 집값이 폭등하면서 올해 서울 공동주택, 즉 아파트·연립·다세대의 공시가격도 14년 만에 최대 폭으로 올랐다. 공시가 9억 원 초과 종합부동산세 대상 아파트가 대거 늘어났다. '강남 부자' 전용의 세금으로 통해온 종부세가 서울 전역의 서민·중산층 아파트까지 확산했다. 41만 2,970가구다. 서울 아파트 6가구 중 1가구꼴이다. 서민은 서울 집을 거저 줘도 높은 세 부담으로 살기 힘든 지경에 이르렀다.

서울 위에 세종이 있다. 세종특별자치시 아파트값의 위세가 서울특별시를 압도한다. 세종시 아파트 공시가격 중위값이 서울시도 따돌리는 이변을 연출했다. 중위값이란 해당 지역 공동주택을 일렬로 나열했을 때 중간 위치에 있는 아파트의 공시가격을 말한다. 세종시 공시가격의 중위값은 4억 2300만 원으로 4억 원을 넘어섰다. 시가 기준으로는 6억 원 이상으로 볼 수 있다. 반면 서울시 아파트 공시가격 중위값은 3억 8000만 원으로 세종시에 한참 못 미쳤다.

비리의 온상된 LH 리스크… 해체 수준의 환골탈태보다 완벽 수준의 윤리회복 시급

세종시 공시가격 상승률 역시 전국에서 단연 1위다. 2021년 공동주택 공시가격 평균 상승률이 19.08%를 기록하는 가운데 전년 대비 70.68% 상승했다. '역대급' 신기록을 세웠다. 전년 5.76%에 비해서는 무려 12배나 늘었다. 대전 20.57%, 경기 23.96%, 부산 19.67%, 울산 18.68% 등 지방 광역시도 전년 대비 큰폭으로 올랐으나 세종시의 상승률을 따라잡지 못했다.

세종시도 신도시에는 못 당한다. 세종의 집값 오름이 '대박'이라면 신도시는 '로또' 수준이다. 한국토지주택공사LH의 일부 직원들이 3기 신도시 중 최대 규모인 광명·시흥 신도시 사업지역에 토지를 투기성으로 매입했다는 의혹이 불거졌다. 신도시 사업을 집행하는 LH 관계자들이 내부 정보를 이용, 공직자윤리법상 이해충돌 방지 의무와 부패방지법상 업무상 비밀이용 금지를 위반했다는 것이다. 투기 의혹은 LH를 넘어 정치권으로 일파만파로 번지고 있다.

당황한 정부가 LH에 대한 해체 수준의 환골탈태를 약속하고 나섰다. 하지만 그게 어디 말처럼 쉬운 일인가. 개혁이라는 원론에는 다들 이의가 없으나, 방식의 각론에서는 전문가들조차 의견이 분분하다. 기껏 거론되는 대안이라는 게 LH를 분해하고 직원의 재산 등록을 의무화하자는 아이디어 정도다. 집중된 권한과 정보를 신설 또는 기존의 기관에 이양하거나 분산하자는 의견이 주류를 이룬다.

조직을 나누고 기능을 쪼갠다고 투기가 사라질까. 업무를 지방으로 이양하거나 민간에 넘긴다고 해결될 일인가. 무늬만 바꾸는 것일 뿐 근본 대책이 못 된다. 지방 공무원이나 지방공기업, 민간이 LH보다 깨끗하다는 보장도 없다. 자칫 조직을 잘못 건드렸다가 인력 운용과 업무 효율만 떨어뜨릴 수 있다. 결국은 사람의 문제로 귀결된다. 공직의 청렴성과 윤리의식 회복이 관건이다. 철저한 통제시스템 마련과 강력한 법적 처벌의 제도화는 부차적 과제일 뿐이다.

부동산 해법은 결국 '사람'… 청렴과 윤리의식 회복이 관건, 통제와 법적 처벌은 부차적

반성해도 시원찮을 정치권은 되레 적반하장이다. LH 사태가 4·7 재·보궐선거의 쟁점으로 떠오르자 부동산 문제를 네거티브 공격거리로 역이용하는 추태를 서슴지 않는다. 상대 후보에 투기의 이미지를 덧씌워 선거 판세를 유리하게 끌고 가려는 술책이 얄팍하다. 여당 후보 측은 어느 야당 후보 처가의 땅 투기 의혹을 거듭 제기했다. 해당 야당 후보 또한 상대 후보가 일본 도쿄에 아파트를 보유한 사실을 들먹이며 역공을 편다. 진흙탕 싸움에 진절머리가 난다.

급기야 문재인 대통령이 나섰다. LH 투기 의혹에 대해 사과했다. 국민께 큰 심려를 끼쳐드려 송구한 마음이라며 고개를 숙였다. 부동산 적폐 청산을 다짐했다. 여야는 설왕설래로 시간만 헛되이 보내다 특검과 국회의원 전수조사에 겨우 합의했다. 어렵게 합의한 만큼 대충 조사는 안 된다. 시간이 다소 걸리더라도 깨끗하고 투명하게 절차를 진행함이 마땅하다.

부동산 가격 안정화 실패가 만악의 근원이다. 온갖 현안과 갈등이 집값 급등에서 파생된다. 뼈 빠지게 일해 봤자 내 집 마련은 고사하고 전·월세금 대기도 버거운 현실에서 국민 다수가 절망한다. 어렵사리 집을 장만해도 높은 세금에 허리가 휜다. 월급만으로 살기 힘들다고 판단한 젊은이들이 주식과 가상화폐에 승부를 건다. 본업보다 재테크에 열중하는 청년들이 적지 않다. 금리가 오르거나 투자자산이 폭락하는 날이면 말 그대로 끝장인데 말이다.

이왕지사 벌어진 일을 비난과 비판, 비관만 하고 있을 순 없다. 재화災禍를 오히려 복福으로 바꿔야 한다. 비리에 대한 철저한 책임 추궁과 함께, 국민 주거 안정을 위한 미래지향적이고 주도면밀한 해법을 만들어 내야 한다. LH 사태가 망국병으로 번진 부동산 문제 해결의 실마리가 된다면 이보다 더한 전화위복이 없다. 투기를 뿌리 뽑고 부동산에 대한 인식을 바꾸는 터닝포인트가 되기를 학수고대한다. 지혜로운 자에게는 고난은 악이 아니라 약이라 했다. (2021. 3. 22.)

제4부

산업과 기업: 효율로 경영하라

명분보다 실리를, 득표보다 민심을 구하라

제1장
폐업에 밀리는 창업,
정부 지원은 '밑 빠진 독에 물 붓기'

다산다사多産多死 기업생태계에서 창업이 능사?… 생애주기별 고른 지원으로 경쟁력 길러야

기업이 살아야 경제가 산다. 기업은 경제에서 활력의 다수여야 한다. 창업지원이 산업정책의 바탕을 이뤄야 한다. 중앙정부와 지자체의 창업지원이 활발하다. 2021년만 봐도 그렇다. 중앙 15개 부처에서 90개 사업에 1조 4,386억 원을 지원한다. 스타트업 육성 전담 부처인 중소벤처기업부가 1조 2,330억 원으로 으뜸이다. 다음은 문화체육관광부 491억 원, 과학기술정보통신부 457억 원 순이다.

광역지자체의 창업지원 또한 못지않다. 17개 시도에서 104개 사업으로 811억 원을 지원한다. 서울특별시가 14개 사업, 237억 원으로 비중이 가장 높다. 경기도 206억 원, 대전광역시 77억 원이 뒤를

잇는다. 지원 유형도 다양하다. 사업화 8,745억 원, R&D 4,207억 원, 시설 및 보육 1,080억 원, 창업 교육 828억 원의 순서다.

창업시장에 생기가 돈다. 2020년 창업기업 수가 전년 대비 15.5% 늘었다. 148만 4,667개를 기록했다. 2018년 134만 4,366개에서 2019년 128만 5,259개로 줄었으나 2020년 들어 증가세로 돌아섰다. 제조업 창업이 주는 건 옥에 티다. 2018년 5만 7,325개, 2019년 5만 2,317개, 2020년 4만 9,928개가 감소했다. 서비스업 창업은 부동산업, 도·소매업을 중심으로 17.9% 늘었다. 기술기반업종 또한 지식기반서비스를 중심으로 3.8% 증가했다.

연령대별 창업이 시선을 끈다. 40대 창업이 39만 1,010개로 가장 많다. 이어 50대 36만 1,259개, 30대 31만 5,784개, 60세 이상 24만 438개, 30세 미만 17만 4,728개 순으로 창업이 이뤄졌다. 전년 대비 60대 이상 창업을 중심으로 증가했다. 그중에서도 60세 이상 부동산업과 도·소매업이 크게 는 것으로 나타났다.

정부 지원이 창업기업에 편중… 홀대받는 기존기업, 계속 혜택받기 위해 기업 신설 등 편법

여기까지만 놓고 보면 창업은 성공적이다. 문제는 창업 이후다. 창업이 폐업에 밀린다. 통계청 발표 '2020년 기업생멸 행정통계 결과가 잘 말해 준다. 신생기업 3곳 중 1곳이 1년 못 버티고 소멸한다. 1년 생존율이 64.8%에 그친다. 이는 2018년 신생기업 중 2019

년까지 생존한 기업의 비율로, 코로나19 영향을 받지 않은 게 이 정도다. 팬데믹이 기업소멸에 미친 영향은 내년 통계에서나 확인할 수 있으나, 결과가 더 나빠질 건 불문가지다.

한국 기업의 낮은 생존율은 어제오늘의 일이 아니다. 고질이 되었다. 1년 생존율이 2015년 62.7%, 2016년 65.3%, 2017년 65.0%, 2018년 63.7% 등 60%대 초중반대을 맴돈다. 2014년 신생기업 중 2019년까지 생존한 기업 비율, 5년 생존율은 32.1%에 불과하다. 10곳 중 7곳은 5년을 못 버티고 폐업한다. 중소기업창업지원법에서 창업기업으로 정한 7년 업력을 기준으로 하면 생존율은 23.5%로 더 떨어진다. 대다수 기업이 창업단계에서 망하는 현실이다.

이쯤 되면 어디가 문제이고 무엇이 답인지 절로 드러난다. 창업만 많이 하면 뭐하나. 폐업이 줄지 않는 걸. 넥스트로 이어져야 할 창업이 라스트로 끊기고 있다. 지원이 허술한 제도의 틈새로 줄줄 새고 있다. 다산다사多産多死의 후진적 기업생태계는 창업이 능사가 아님을 방증한다. 창업 쪽에 무게중심이 잔뜩 쏠려 있는 현행 기업지원제도의 개선 당위성을 새삼 절감케 한다.

실제로 정부와 지원기관의 업무계획을 보면 창업지원에 업무가 너무 편중돼 있다. 한정된 재원에 기초로 하는 정부 지원이 모든 기업의 수요를 충족시킬 수 없다. 창업기업에 대한 후대는 기존기업에 대한 홀대로 나타날 수밖에 없다. 소외는 반격을 부르는 법. 기존기업이 당하고만 있을 리 없다. 계속 지원을 받기 위해 전혀 도움도 안 되는 기업을 새로 만드는 편법을 궁리한다.

창업이 긴요하나 생존과 성장도 중요… 흥할 기업을 도와야지 망할 기업까지 지원해선 안 돼

그래도 무차별적 지원은 안 된다. 흥할 기업을 도와야지 망할 기업까지 지원할 순 없다. 나랏돈이 어떤 돈인가. 국민이 낸 혈세이고, 그도 모자라 다음 세대가 갚기로 하고 빚낸 돈이다. 고도화되는 산업구조에 적응치 못해 초래되는 한계기업의 퇴출이야 어쩔 수 없다. 경쟁 원리가 지배하는 시장경제 체제하에서는 자연생태계의 자연도태와 같은 당연한 이치다. 장기적으로 국가 경제의 내실 있는 발전을 위해 오히려 바람직한 현상일 수 있다.

여기서 유념해야 할 사항이 있다. 기업소멸이 경제적 손실, 사회적 낭비로 이어질 수 있다는 점이다. 소멸기업 중에는 망해서는 안 되는 아까운 기업도 적지 않다. 고난도 첨단기술 보유업체, 수출 유망품목 제조업체, 수입 대체품 생산업체 등 사업성과 기술력이 뛰어남에도 자금 수급 불균형, 거래처 도산, 정부 지원 부족과 중단으로 속절없이 사라지는 우수 기업이 적지 않다.

더구나 자사의 귀책 사유 없이 코로나 팬데믹 등 외부적 요인에 의해 촉발되는 우수 기업의 소멸은 안타깝다. 기업 내부에 오랜 기간 축적돼 온 기술력과 노하우를 일거에 사장시키는 결과를 초래, 국민경제 전체에 커다란 손실을 안겨 준다. 그뿐이 아니다. 수많은 기업 경영자를 신용불량자로 만들며 급기야는 기업주의 자살이라는 사회적 물의까지 일으킨다. 청산할 기업은 청산하더라도 되도록 많은 우량 기업을 알아보고 살려내는 '옥석 가리기'가 필수적이다.

축성이 힘드나 수성도 어렵다. 창업이 필요하나 생존과 성장도 중요하다. 기업도 사람과 다를 바 없다. 자녀 양육이 어디 유아기에만 필요한가. 유소년기, 청장년기, 심지어 노년기에도 계속 보살핌이 요구된다. 막대한 비용과 노력으로 공들여 창업한 이상 계속 기업으로 역할과 기능을 하도록 성장단계별 고른 지원이 이뤄져야 한다. 시작과 과정이야 어찌 되었든 지금에 와서 초라한 기업 생존율로 대변되는 결과가 워낙 좋지 않으니 말이다.

(2021. 12. 27.)

제2장
인건비 좀 아끼려다,
공기업을 '공空기업' 만들라

품삯에 인색하면 일꾼 못 부려… 공공기관도 임금 아끼며 성과 기대하는 건 도둑의 심보

공기업은 흔들리며 산다. 스스로 할 수 있는 게 별로 없다. 예산 하나 맘대로 못 세운다. 정부가 시달하는 '공공기관 예산편성지침'에 따라야 한다. 한 치 오차도 있어선 안 된다. 최근 예상치 못한 방향으로 지침이 개정됐다. 모든 임금과 수당을 인건비 항목에 포함토록 변경됐다. 내년부터 공공기관 직원의 임금이 줄어들게 생겼다. 노동조합이 가만있을 리 없다. 정부 결정에 큰 반발이다.

지침 개정 의도가 뚜렷하다. 공공기관이 인건비 통제를 회피하기 위해 통상임금 소송으로 얻은 추가 임금을 '예비비'에서 지출해온 관행에 제동을 걸기 위해서다. 기재부는 그동안 공공기관 인건비를 총액으로 통제해 왔다. 그런데 2013년 정기상여금이 통상임금에 포함된다는 대법원 전원합의체 판결이 났다. 이후 노조는 각종 수당 등을 추가 지급하라는 소송을 제기했다. 여기서 공공기관이 패소하면서 인건비 부담이 추가됐다.

이때 공공기관이 정공법을 선택하지 않았다. 패소로 인해 추가된 인건비 예산의 반영이 어려울 것 같아지자 이를 예비비 항목에서 지출해 왔다. 그 덕에 기재부가 정하는 인건비 인상 가이드라인을 비껴갈 수 있었다. 이를 뒤늦게 알아차린 기재부가 제동을 걸었다. 추가 인건비를 예비비에서 지급하지 못하도록 쐐기를 막은 것이다.

이렇게 되면 노조가 통상임금 소송에 이겨도 직원 임금은 줄어들 수밖에 없다. 전국민주노동조합총연맹 공공운수노조가 통상임금 소송이 진행 중인 산하 16개 공공기관을 대상으로 한 실태조사 결과에 따르면, 통상임금이 추가되는 부분은 총인건비의 3% 수준이다. 기재부가 올해 공공기관 인건비 인상률로 제시한 1.4%를 기준으로 하면 초과하는 1.6%만큼은 인건비 총액이 줄어든다.

'정기상여금, 통상임금 포함' 판결… 추가 임금을 예비비에서 지출해 온 공공기관 관행에 쐐기

책임 공방이 거세다. 기재부는 지침 변경과 관련해 "그간 통상임금 소송에 따라 발생한 추가 임금은 총인건비 한도와 관계없이 집행했지만, 일부 기관에선 적시에 임금체계를 개편하지 않아 유사 소송이 반복되는 부작용이 있었다"라며 "이를 바로잡기 위한 것"이라 설명한다. 공공기관 노조 측 주장은 다르다. "인건비와 인건비를 기준으로 주는 경영평가성과급이 늘어난다는 이유로 공공기관의 임금체계 개편을 반대한 건 기재부"라 반박한다.

자세한 내막을 알 리 없는 국민에게는 오해의 소지가 있다. 얼른 보면 '신의 직장'에서 일하는 공공기관 직원의 '밥그릇 투정'쯤으로 비쳐질 수 있다. 정부도 어쩌면 공공기관에 대한 부정적 여론에 기대 임금상승을 막고 싶은 속내일지 모른다. 그렇다고 공공기관 내부 일로만 치부하기 어렵다. 인건비 절감이 조직 효율을 떨어뜨리고 대對국민 서비스 약화로 이어질 수 있기 때문이다.

우선 공공기관 책임이 크다. 법원의 판결이 내려졌으면 상여금을 기본급에 넣는 등 임금체계를 의당 개편했어야 했다. 그러지 않았다. 노조가 소송을 통해 인건비를 받아 가는 걸 그저 보고만 있었다. 정부 눈치나 보며 차일피일 미루는 사이 노조가 소송을 걸었고 공공기관은 여기서 패소했다. 해야 할 일을 하지 않고 법원의 판단을 구함에 따라 상당한 시간과 노력을 소모하고 막대한 비용을 낭비하고 말았다.

게다가 승산도 없는 상소까지 하는 바람에 지급해야 할 금액이 기하급수적으로 늘어났다. 소송촉진특례법에 따르면 재판이 길어질수록 이자가 무겁게 매겨진다. 연 12%씩 붙는다. 또 추가되는 인건비를 예비비 항목에서 지출함으로써 기재부가 정하는 인건비 인상 통제를 피해 가는 꼼수까지 부렸다.

임금은 억제한다고 억제되기 어려워… 시행을 강행하면 지침을 우회하는 편법 파생될 수 있어

정부도 안일했다. 인건비를 총액으로 관리하려는 시도 자체가 편의주의 행정의 전형이다. 관리는 쉬울지 모르나 실효를 거두기 힘들다. 공공기관마다 목적과 업무가 다를뿐더러 급여 수준이 천차만별이다. 이런 상황에서 임금총액을 일률적으로 규제하면 되레 역효과가 날 수 있다. 금액 면에서도 급여 수준이 높은 기관은 더 받고 낮은 기관이 덜 받는 모순이 불거진다. 부익부 빈익빈, 불평등만 심해진다.

정부가 인건비를 통제하려면 제대로 해야 한다. 공공기관과 직원의 성과와 연계시키는 게 맞다. 과학적 관리기법을 동원, 평가의 공정성과 신뢰성도 높여야 한다. 지금도 공공기관 평가제도가 시행되나 효과가 별로다. 공공기관과 기관장, 임원에 대한 평가에 초점이 맞춰져 있어 직원에 대한 유인이 약하다. 성과 관련 인센티브 상여금만 해도 차등 폭이 크지 않다. 시늉만 내는 정도다.

예산편성지침이 지켜질지도 의문이다. 임금은 억제한다고 쉽게 억제되지 않는다. 시행을 강행하면 지침을 우회하는 편법이 파생될 수 있다. 조금만 궁리하면 빠져나갈 구멍은 얼마든지 찾을 수 있다. 예로 들기는 거북하나 방법은 널려 있다. 회계연도 중에 퇴직하는 직원의 인건비를 돌려쓰거나, 신규 직원의 채용 시기를 늦추는 방법이 있다. 임금인상 대신 복지혜택을 늘리는 것도 가능하다.

정책 실패의 공산이 크다. 지침은 지침대로 지켜지지 못하면서 줘야 할 임금은 입금대로 다 지급될 수 있다. 임금만큼 민감한 게 없다. 근로자 개인은 물론 조직 전체에 미치는 영향이 지대하고 절대적이다. 세상만사, 줄 건 주면서 바랄 걸 바라야 한다. 품삯에 인색하면 일꾼을 못 부린다. 아무리 공공부문이라 해도 임금을 아끼면서 성과를 기대하는 건 도둑의 심보나 다름없다. 자칫 공기업을 '공ㅎ기업' 만들 수 있다. (2021. 12. 20.)

제3장
돈 잔치 벌이는 은행들,
"물 들어올 때 노 져어라"

한국 경제가 다시 활개 펴기 위해서는… 금융이 기여할 바 크고, 그 답을 세계화에서 찾아야

어떤 사람이 고향에서의 어린 시절이 생각나 닭 한 마리를 사 왔다. 새벽마다 구성진 목소리로 잠을 깨워 주는 닭 울음소리를 듣고 싶었다. 자신이 사는 고급 주상복합 아파트 수준에 맞게 닭 장도 고급스럽게 만들었다. 물과 먹이가 자동으로 공급되게 하는 장치도 했다. 그런데도 닭이 울지 않았다. 주인은 닭 장사를 찾아 가 따져 물었다.

"내가 웃돈까지 주며 잘 우는 닭을 달라고 부탁했건만 왜 울지 않는 겁니까?"

닭 장사가 되물었다.

"닭장은 잘 만들어 줬습니까? 낮과 밤이 구별되는 조명이나 냉

난방 시설도 갖췄나요? 모이나 물도 잘 주고 있나요?"

주인은 열을 내며 답했다.

"모든 시설은 내가 사는 아파트보다 나은 수준입니다. 여름에는 시원하고 겨울에는 따뜻하게 온도 조절 장치를 하고, 모이와 물이 자동으로 나오게 하는 첨단시설까지 설치했습니다."

그러자 닭 장사가 이렇게 말했다.

"그 닭이 뭐가 아쉬워서 울겠습니까?"

벤처신학자 조봉희 목사의 저저 『이기는 신앙』에서 요한계시록의 '사데 교회'를 설명하며 든 예화다. 사데 교회는 다른 교회들과 달리 환난과 박해가 없었다. '황금의 도시'라 불렸던 사데Sardis는 명성만큼이나 화려하고 풍요로웠다. BC 7세기 번성했던 리디아왕국의 수도였고, 페르시아 제국 시절에는 소아시아 지역의 수도였다. 오랜 기간 동서교통의 요충지로서 번영했다.

사데를 수비하는 성곽은 지정학적으로 난공불락의 요새였다. 앞으로 팩톨루스강이 흐르고 삼면이 절벽으로 둘러싸인데다 해발 350미터의 산기슭에 자리 잡고 있었다. 천혜의 방어 조건이었다. 농산물이 풍부하고 사금이 채취되어 아시아 최초로 금은 주화를 주조했던 금융도시였다. 그러다 보니 교인들에게 긴장감이나 위기의식이 없었다. 겉보기엔 모든 게 풍족하고 훌륭한 교회였다. 하지만 신앙적으로는 '살았으나 죽은 교회'라는 책망을 받았다.

보호막 속 국내 은행… 수익창출원을 예대차익에서 금융혁신으로 옮기고 글로벌 비중 높여야

1세기 무렵 사데·교회의 이야기는 21세기 대한민국 금융산업의 스토리이기도 하다. 국내 은행은 정부가 쳐 준 든든한 보호막 덕에 태평성대를 누리고 있다. 큰 노력 없이도 장사가 잘되는 판에 굳이 사서 고생할 필요가 없다. 은행마다 역대급 실적을 이어 오는 이유다. '사상 최대 이익'의 성적표를 받아들고 있다. 2021년만 해도 3분기까지 4대 금융지주의 순이익 합계가 12조 2,114억 원에 달했다.

이러한 호실적이 금융경쟁력 향상과 무관하다는 게 문제다. 수익 대부분이 예대차익에 기대는 '동네 장사'에서 나온다. 금융당국의 대출 규제 강화로 가수요가 늘어난 데다 시장금리까지 오른 영향이 크다. 예금금리도 올랐으나 대출금리가 오르는 속도에 못 미쳐 은행은 이자 이익을 더 많이 쌓았다. 국내 은행의 잔액 기준 예대금리차는 2021년 8월 2.12% 포인트, 9월 2.14% 포인트, 10월 2.16% 포인트로 시나브로 늘고 있다.

예대차익 차가 2% 포인트를 넘은 건 2017년 이후 처음이다. 조달 비용이 상대적으로 낮은 저원가성 예금인 요구불예금이 늘어난 것도 수익성 향상에 도움이 됐다. 4대 금융지주의 이자 이익은 3분기 누적 기준으로 25조 6억 원에 이른다. 코로나19 장기화와 경기침체로 금융소비자는 말할 수 없는 고통을 겪는 가운데 유독 금융권만 '돈 잔치'를 벌이고 있다.

물 들어올 때 노 저어야 한다. 국내 은행은 수익창출원을 예대차익에서 금융혁신으로 이동하고 글로벌 비중을 높여야 한다. 레드오션으로 변모하는 국내시장에 안주하면 되는 게 없다. 해외로 눈을 돌려야 한다. 지금은 국내 은행 산업의 수익성이 나쁘지 않으나, 앞으로는 성장성에 한계가 있다. 시장규모가 제한적인데다 장기근속자 비중이 높고 임금도 하방경직성이 강해 비용 면에서 불리하다.

환경 어렵고 경쟁 심할수록 해외로 나가야… '우물 안 개구리'에서 '바다거북'으로 진화해야

지금도 은행이 노력은 한다. 4대 은행의 해외점포가 최근 3년간 매년 200여 개씩 늘고 있다. 그래도 해외점포가 순이익에서 점하는 비중이 6.5%에 그친다. 코로나19 여파로 2020년 당기순이익은 7억 3300만 달러로 전년보다 줄었으나, 해외시장에서의 성장성은 높게 평가된다. 다만, 해외영업점을 무작정 늘리기보다 현지 요구에 맞는 혁신금융서비스에 주력할 필요가 있다. 혁신 없는 국제경쟁력 확보는 캐치프레이즈에 불과하다.

해외업무 영역을 다각화해야 한다. 국내 기업의 해외 진출에 따른 기업금융 위주로 운영해 온 기존의 영업 범주를 넓혀야 한다. 리테일 사업 강화를 통한 현지화를 병행해야 한다. 투자은행IB 영업 활성화와 글로벌 금융 비즈니스 확대에도 박차를 가해야 한다. 디지털 혁신 또한 필수적이다.

위기가 기회가 될 수 있다. 유대인이 세계금융을 지배한 배경에는 특혜가 아닌 박해가 있었다. 차별과 탄압이 독이 아닌 약이 됐다. 국내 은행은 안방에서 이자 장사나 하는 현실에 위기감을 느껴야 한다. 동남아시아 지역을 눈여겨볼 만하다. 경제성장률이 높고 인프라 확충 관련 금융 수요가 늘고 있다. 높은 인구증가율 등으로 시장 잠재력도 큰 편이다. 과거 우리나라의 발전 과정과 비슷해 국내 은행 진출 시 비교 우위가 기대된다.

어려움도 대응하기 나름. 국내 환경이 어렵고 경쟁 구도가 심할수록 해외 진출이 정도正道라 할 수 있다. 국내 은행도 '우물 안 개구리'에서 '바다거북'으로 진화해야 한다. 해외 사업의 중요성을 인식하고 글로벌 네트워크를 강화해야 한다. 한국 경제가 다시 활개를 펴기 위해서는 금융이 이바지할 바 크다. 그리고 그 답을 세계화에서 찾아야 한다. 요새 안의 사데는 폐허로 변했으나 한국 금융은 나라 밖에서 패권을 이어 가야 한다. (2021. 12. 15.)

제4장
요소수 일타강사 '족집게' 해법, "오직 이것뿐"

수입선 다변화 절실… 특정국에 의존하는 공급망 체계로는 제2의 요소수 사태 막을 수 없어

난리도 이런 난리가 없다. 요소수가 대란이다. 파동이 일파만파다. 화물차 운행이 차질을 빚고 산업 현장이 마비될 지경이다. 정부의 굼뜬 대응에 부아가 치민다. 위기 때마다 기업에 SOS나 치는 구태 또한 여전하다. 우왕좌왕만 할 게 아니다. 난제일수록 차분히 풀어야 한다. 사태 원인을 세밀히 진단하고 해법을 정확히 짚어 내는 일타강사 식 접근이 유효할 성싶다.

요소수란 무엇인가

명칭 그대로 '요소'와 '물'의 합성물이다. 요소urea와 순수한 물water을 32.5%와 67.5% 비율로 혼합한 투명 액체다. 디젤 차량이 뿜어내는 매연가스를 정화하는 데 주로 쓰인다. 디젤 차량이 뿜어

내는 배출가스, 즉 질소산화물을 요소수와 혼합하면 인체에 해가 없는 질소가스와 이산화탄소로 바꿀 수 있다. 국내 운행 디젤 화물차 330만 대 중 200만 대가 질소산화물 저감장치SCR를 장착한다. 여기에 들어가는 핵심 품목이 요소수다.

요소수는 왜 필요한가

디젤 차량이 배출하는 질소산화물은 유해하다. 기관지염, 폐렴 등 호흡기질환을 일으키며 공기를 오염시킨다. 초미세먼지의 주요 원인 물질이다. 유럽에서는 대기 환경보호를 위해 1992년부터 디젤 차량의 배기가스 배출을 규제하는 기준을 만들었다. '유로1'을 시작으로 2014년부터는 '유로6' 기준을 적용한다. 우리나라도 1994년부터 규제를 시작했다. 배출 기준을 충족하지 못하는 디젤 차량의 판매를 금지해 왔다.

어떻게 대응하고 있나

호떡집에 불난 듯하다. 정부와 해외공관, 국회, 코트라, 수입업체, 종합무역상사, 교포 기업인이 요소수 확보에 동분서주 애를 쓴다. 산업용 요소수를 차량용으로 돌리는 방안을 검토했다. 환경과 차량에 미치는 영향이 구체적으로 검증되지 않아 당장 사용이 어렵다는 결론이 내려졌다. 요소수가 필요 없도록 SCR 장치를 한시적으로 해제하자는 의견도 나왔다. 이 또한 환경과 기술적 문제로 현실성이 뒤진다는 의견이 우세하다.

난제일수록 차분히 풀어 가야… 요소수 사태 원인 세밀히 진단하고, 해법 정확히 짚어 내야

사태가 어떻게 벌어졌나

2021년 10월 11일 중국 해관총서가 그동안 별도의 검사 없이 수출하던 요소 등 29종의 비료 품목에 대해 '수출 전 검사'를 의무화하겠다고 공고하면서다. 그리고 공고가 나온 나흘 뒤부터 제도를 시행했다. 말이 검사지 자국에 우선 공급하기 위한 수출 제한 조치가 분명하다. 품목에 대한 검사에 문제가 없으면 수출을 해야 하나, 그러지 않는 걸 보면 중국 정부가 요소 수출을 제한하고 있다고 보는 수밖에 없다.

발단은 언제부터인가

9월 중순쯤이다. 중국이 석탄 부족으로 요소 수출 제한 강화를 고려하면서부터다. 요소는 석탄이나 천연가스에서 추출하는데 중국은 탈脫탄소 정책으로 석탄 생산량을 꾸준히 줄여 왔다. 엎친 데 덮친 격으로 지난달 중국 내 주요 석탄 산지에 가을 홍수까지 닥치면서 20여 개의 탄광이 한때 생산을 멈추기도 했다.

처음 시작은 더 빠르다. 2016년 시작된 중국-호주 간 무역 마찰로 거슬러 오른다. 중국은 호주산 석탄 수입을 금지한 이후 전력난이 심화하자 석탄을 주원료로 하는 요소 수출을 제한했다. 중국이 자국 내에서 사용할 것도 모자라는 요소를 다른 나라에 팔 수 없다는 쪽으로 입장을 선회했다. 이게 결국 국가발전개혁위원회에서 수출하는 요소에 대한 검사 의무화 조치로 나타난 것이다.

요소·요소수 국내 생산은 얼마인가

요소수는 롯데정밀화학, 킬로그램케미칼, 휴켐스 등에서 생산한다. 원료가 되는 요소는 수입한다. 지난해 우리나라가 수입한 요소 물량은 약 83만 5,714톤이다. 이 가운데 공업용(산업용 + 차량용)이 37만 526톤으로 44%를 점한다. 대對중국 요수 수입 물량은 총 55만 톤으로, 차량용 8만 톤을 포함한 공업용이 33만 톤을 차지한다. 공업용 수입 물량이 차지하는 비율만 따져 보면 89%에 달한다.

주요 품목의 특정국 의존 위험성 깨달아야… 주요 소재에 대한 자급 능력 키운 일본 본받아야

요소는 왜 수입에만 의존하나

요소 제조 기술은 어렵지 않다. 국내에서도 얼마든지 생산할 수 있다. 가격경쟁력이 문제다. 과거에는 우리나라에도 요소를 제조하는 공장이 많았다. 50년 전에는 세계 최대의 요소 공장이 설립되기도 했다. 중국의 저가 공세로 가격경쟁력이 떨어지면서 2011년 이후 생산 공장이 문을 닫기 시작했다. 현재는 전혀 없다. 요소수만 수입한 요소에 증류수를 섞어 제조하고 있다.

일본의 경우는 어떠한가

우리나라와 산업구조가 비슷한 일본은 요소수 부족 사태가 없다. 그럴 이유가 있다. 전 세계 희토류 공급의 97%, 일본 전체 수입의 92%를 차지하던 중국과의 불편한 관계와 무관치 않다. 2010년 센카쿠열도를 둘러싼 중일 영토 분쟁이 시작되자 중국은 희토류 수출을 중단했다. 당시 일본은 미국 유럽연합을 설득해 세계무역기구WTO에 제소, 중국의 제재가 '협정위반'이라는 판결을 끌어냈다. 이어 희토류 가격은 폭락했다.

이때 일본은 주요 수입 품목의 전략적 중요성을 절감했다. 희토류 수입처를 아시아·아프리카 등으로 다변화했다. 주요 소재에 대해서도 자급 능력을 키웠다. 요소의 주원료인 암모니아도 국내 생산 시스템을 구축했다. 2020년 기준 암모니아 96만 2,814톤 가운데 77%인 74만 3,231톤을 자체 생산했다. 요수는 1억 1600만 달러를 수입했으나 수입 시장의 범위를 동남아, 중국, 중동으로 넓혔다.

결론

수입선 다변화가 절실하다. 필요하나 생산이 힘들면 수입하는 수밖에 없다. 그렇다고 특정 국가에 의존하는 공급망 체계로는 제2의 요소수 사태를 막을 수 없다. 한국무역협회에 따르면 2021년 1~9월 기준 수입품 1만 2,586개 중 특정국 의존도가 80%를 넘는 품목이 3,941개에 이른다. 2019년 한일 무역 분쟁을 통해 수입품의 특정국 의존도의 위험성을 절감한 바도 있다. 지금으로서는 요소의 수입선 다변화와 요소수 국내 생산 확대가 방책이다.

(2021. 11. 20.)

제5장
본말전도 금융정책,
국민은 '뿌리', 가계부채는 '잎사귀'

국민 보듬고 도와주는 '덧셈 정책' 긴요… 국민 괴롭히고 힘들게 하는 '뺄셈 정책' 불요

전세대출 시장이 혼돈이다. 금융위원회가 주축인 '가계부채 관리 태스크포스'가 2022년 1월부터 전세대출 분할상환 관행을 유도하겠다고 밝히면서다. 전세대출 분할상환 실적이 우수한 금융사에 정책 모기지 배정을 우대한다는 내용이다. 금융당국은 강제가 아닌 인센티브를 부여하는 방향이라며 수위를 낮췄다. 말이 좋아 유도지 강요나 다름없다. 금융사 입장에선 정부 눈치를 안 볼 수 없다.

일부 대형은행은 분할상환 의무화를 이미 시행했다. 전세대출도 원금 중 최소 5% 이상은 갚아야 빌려줄 수 있다는 조건을 달았다. 다른 은행들도 상황을 주시하는 모양새다. 정부 방침을 거역

하기 힘들 것이다. 전세대출 분할상환 비율을 5~10%로 할지 등 금융위원회에서 세부 가이드 라인이 나오는 대로 줄줄이 따라 할 것으로 보인다.

세입자 시름이 깊어진다. 격한 반발이 예상된다. 생활비 대기도 빠듯한 마당에 매달 이자에다 원금까지 갚아야 하기 때문이다. 통상 2년 만기인 전세대출은 다달이 이자만 내다가 만기 때 원금을 한꺼번에 갚으면 된다. 예를 들어, 연 3% 금리로 2억 원을 대출받으면 지금까지는 매달 50만 원의 이자만 내면 되었다. 원금의 5%인 1000만 원을 분할상환할 때는 매월 약 42만 원을 추가로 내야 한다.

강행할 태세다. 되레 한술 더 뜬다. 금융위원회가 금융사가 전세대출에 대해 분할상환 및 고정금리 방식으로 판매하는 비중을 높이면 주택금융신용보증기금 출연요율을 낮추는 내용의 한국주택금융공사법 시행규칙 개정안을 입법 예고했다. 주택 관련 대출을 취급하면 대출금의 일정 비율을 금융사가 출연해야 하는데, 분할상환 및 고정금리 비중이 목표를 초과 달성하면 이를 낮춰 준다는 것이다.

대출 원금 분할상환의 유용성은 크나… 전세대출처럼 상환금액이 고액일 때는 적용 힘들어

분할상환을 부정적으로만 볼 것은 아니다. 장점도 적지 않다.

대출이 증가하는 속도를 늦추는 동시에 만기에 집중된 상환위험을 장기간에 걸쳐 분산시키는 순기능이 존재한다. 대출 원금이 빚으로 계속 쌓이는 것을 막아 주는 이점도 있다. 나아가 국내 금융사의 가계대출 관행을 선진국 수준으로 끌어올리는 계기가 될 수도 있다.

금융소비자에게도 유리하다. 돈을 빌려 쓴 입장에서 대출금 분할상환이 당장은 부담이 되긴 한다. 그래도 매달 원리금을 상환하다 보면 만기 도래 시 대출금의 전부 또는 일부가 갚아진다. 빚이 줄어든다. 오늘날 가계부채가 1,800조 원을 상회하게 된 데는 만기일시 상환방식과도 무관치 않다. 우선 먹기는 곶감이 달다고, 대출을 받아도 이자만 내다 보니 빚 무서운 줄 모르게 되었다. 부채가 누적되는 구조가 굳어져 왔다.

금융사에도 나쁠 게 없다. 대출 상환능력 검토 시 위험 분산을 위해서는 분할상환이 유리하다. 미국 등 주요 선진국은 물론이고 당장 일본만 하더라도 분할상환 관행이 정착된 지 오래다. 우리나라만 특이하다. 운전자금 대출의 거의 전부가 만기일시상환 방식으로 운영돼왔다. 지난날 금융사가 장기자금 조달이 어렵고 우월한 위치에서 채무자의 입장은 전혀 고려하지 않던 시절에 생긴 불합리한 대출제도의 잔재라 할 수 있다.

분할상환이 늘 유효하다고 볼 수는 없다. 매달 상환하는 금액이 채무자가 감당할 수 있는 범위일 때나 효과를 보게 된다. 전세대출처럼 고액일 경우에는 적용하기 힘들다. 오랫동안 만기일시상환

방식에 익숙해져 있는 국내 여신 관행을 하루아침에 바꾸기도 쉽지 않다. 시간이 걸리더라도 고액대출보다는 소액대출부터 분할상환을 단계적으로 유도해 나가는 게 바람직할 수 있다.

정책의 중심에는 국민이 있어야… 국민을 위한 정책이 돼야지 정책을 위한 국민이 될 순 없어

제도 설계 시 고민의 흔적이 안 보인다. 지금처럼 시중 금리가 나날이 오르는 상황에서 전세대출 원리금 분할상환을 강제하면 어떻게 될지를 충분히 헤아리지 못한 듯하다. 임대차 시장에서 반전세나 월세 비중이 빠르게 늘 게 분명하다. 수입 대부분을 주거비로 지출하면 '전세를 살면서 돈을 모아 내 집을 마련하는' 공식은 존립하기 어렵다. 주거 환경이 좋은 곳에서 서민은 전세살이마저 힘들어진다.

정부가 전세대출 분할상환이 집값과 전셋값 안정에 도움이 될 걸로 여겼다면 실로 큰 오산이다. 정부가 30차례 가까운 부동산 대책을 내놨으나 번번이 예상을 빗나가지 않았나. 집값을 잡겠다면서 주택 공급을 늘리지 않은 채, 세금 부담을 늘리고 대출만 틀어막다 보니 역효과만 나고 말았다. 시장을 만만하게 보면 안 된다. 탁상행정이 의도한 대로 순순히 움직여 줄 시장은 세상 어디에도 없다.

전세대출 분할상환의 의도가 못마땅하다. 밉살스럽다. 가계부채 관리강화 방안의 하나로 꺼내 든 것 자체가 무리수라 할 수 있다. 세입자 희생을 통해 집값 안정과 가계부채를 축소하려는 시도가 정당화되기 어렵다. 정책은 왜, 그리고 누구를 위해 필요한 것인가. 목표와 수단의 혼동만큼 위험한 게 없다. 국민을 위한 정책이 돼야지, 정책을 위한 국민이 될 수는 없다. 뿌리와 잎사귀가 뒤바뀐 본말전도는 으레 뒤탈이 난다.

규제는 당연히 필요하다. 꼭 필요한 경우에 한해서다. 결과가 어떨 것인가를 제대로 예측해야 한다. 그러려면 정책의 중심에 늘 국민이 있어야 한다. 국민을 보듬고 도와주는 '덧셈의 정책'이 긴요하다. 국민을 힘들게 하고 괴롭히는 '뺄셈의 정책'은 안 하느니만 못하다. 전 국민 공짜 재난지원금이나 주려 말고, 땀 흘려 번 돈으로 정당한 대가를 지급하는 전세대출일랑 지금은 건드리지 마시라. 그러잖아도 다락같이 오른 집값과 전셋값에 절망하는 그들이다. (2021. 11. 15.)

제6장
'경자유전耕者有田'에 갇힌 답답한 한국 농업

"변하지 않는 것은 죽은 것"… 미래 농업은 변화를 기회 삼아 도생圖生에서 도약으로 가야

농사의 백미는 수확이다. 황금 들녘에 가을걷이가 시작되었다. 잔뜩 팬 노란 벼 이삭이 고개를 숙이고 있다. 그 가운데로 콤바인이 지나면서 방금 수확한 낟알들이 포대에 폭포처럼 쏟아진다. 벼 포대를 가득 실은 트럭이 미곡처리장으로 바삐 내달린다. 거기서 벼를 말리고, 겨를 벗기고, 포장을 마치고 나면 식탁에 오를 쌀로 태어난다.

올해는 쌀값이 괜찮은 편이다. 벼 수매가격이 2020년보다 조금 올랐다. 농민들은 그래도 아쉬움이 크다. 영농 자재비와 인건비가 오른 탓에 수지타산이 기대에 못 미친다. 수매가격이 좀 더 올랐으면 하는 바람이다. 소비자도 불만족이다. 소비자 가격이 뛰었다. 농수산식품유통공사의 통계를 보면, 최근일 기준 쌀 20킬로그램의 평균 도매가격은 5만 7,000원 수준이다. 1년 전보다 대략 6,000원, 최근 5년 평균치보다 1만 3,000원가량 높아졌다.

2021년 쌀 생산량은 평년작을 넘을 거라는 예상이다. 국내 벼 재배 면적이 지난해보다 6,000헥타르가량 늘었다. 전년보다 벼 재배 면적이 늘어난 것은 2001년 이후 20년 만에 처음이다. 집중호우나 병해충 피해도 적었다. 농민들은 생산량이 늘어 쌀값이 떨어질까도 걱정한다. 이러니 농사는 잘돼도 걱정, 안돼도 걱정이다. 잘되면 가격 하락으로, 안되면 수입 감소로 곤란을 겪곤 한다.

정작 농민을 힘들게 하는 건 시대착오적 농업 원칙이다. '경자유전耕者有田'이 그중 하나다. 경작자만 농지를 소유할 수 있다는 게 현실과 안 맞는다. 헌법에서도 이를 금과옥조처럼 규정한다. 121조 1항에서 "국가는 농지에 관하여 경자유전의 원칙이 달성될 수 있도록 노력하여야 하며, 농지의 소작제도는 금지된다"라고 명시한다. 비농업인의 투기적 농지 소유를 막기 위해 도입되었으나, 이게 지금 와서는 농업발전을 막고 있다.

'경작자만 농지를 소유할 수 있다'는 시대착오적 농지 원칙… 대만은 폐지, 한국은 '금과옥조'

경자유전의 원조 격인 대만도 1993년 이를 폐지했다. 위헌 논란이 불거지자, '농업용 토지는 농업용으로만 사용한다'는 '농지농용農地農用' 원칙으로 전환했다. 농지매매 시 자경自耕 능력을 입증해야 했던 것을 농업용 목적으로만 사용하면 누가 매입하든, 즉 자경이든 임대든 상관없게 바꿨다. '농유農有'에서 '농용農用'으로 전환, 농지를 최대한 보전하면서 농업환경 변화에는 적극적으로 대처했다.

효과가 있었다. 농지매매가 활발해졌다. 귀농인과 청년 농업인의 농촌 유입도 활성화되었다. 자작농 제한이 풀려 농사를 짓고 싶으면 남의 땅을 빌려 농사를 지을 수 있게 되었다. 대만 행정원 통계에 따르면, 농가인구는 2005년 340만 명에서 2018년 276만 명으로 줄었으나, 농가 가구 수는 같은 기간 76만 가구에서 77만여 가구로 늘었다. 경지 없는 농가도 4,706가구에서 8,360가구로 2배 가까이 늘었다.

우리 농촌 현실은 여전히 갑갑하다. 통계청 농림어업총조사가 이를 잘 말해 준다. 2020년 농가인구는 231만 명으로 2005년에 비해 100만 명 넘게 줄었다. 같은 기간 농가 가구 수도 127만 가구에서 103만 가구로 쪼그라들었다. 농업경영주 평균연령은 61세에서 66.1세로 5세 이상 높아졌다. 65세 이상 고령인구 비중은 42.5%로 2005년 29.1%에서 급증했다. 귀농인과 청년 농업인 등 신규 농업인구의 유입은 영농경력 증명 등 농지매매 규제로 더디기만 하다.

경자유전이 잘 지켜지지도 않는다. 전체농가의 51.4%가 임차 농가로 경작자의 주류를 이룬다. 농촌 고령화로 농지를 부지하기도 버겁다. 고령 농업인은 땅만 갖고 있지 타인 경작이 태반이다. 농업인 사망으로 도시 거주 자손에게 상속되는 농지도 늘고 있다. 농지소유자의 재산권 침해 또한 심하다. 농지가격이 형편없다. 호남 농업진흥지역 3.3제곱미터 논값이 지름 33센티미터 피자 한 판 값만도 못하다. 부재지주의 경우 돈 판돈에서 양도소득세를 물고 나면 손에 쥐는 게 없다.

'농유農有에서 농용農用으로'… 농지는 최대한 보전하면서 농업환경 변화에 적극 대처해야

농지법 위반은 반복될 수밖에 없는 구조다. 올해도 예외는 아니었다. 농지법 태풍이 관가와 정치권을 한바탕 휩쓸고 지나갔다. 공무원과 LH 등 공공기관 임직원이 개발 예정 지역에 농지를 사뒀던 게 대거 적발되었다. 21대 국회의원 300명 중에서도 27%인 81명이 본인과 배우자 명의로 농지를 소유하는 것으로 알려졌다. 부친의 농지 소유 사실이 밝혀져 자신 사퇴한 국회의원도 있다.

농지 비중의 적정성도 따져 봐야 한다. 우리나라 농가인구 비율은 대략 4% 내외다. 전체 국토면적에서 논과 밭이 차지하는 비중은 18.6%를 점한다. 산지가 63.3%에 달하는 한반도의 특성을 고려하면, 80% 이상의 땅이 농사 외에는 쓸 수 없다는 계산이 선다. 그렇다면 우리의 농지 비중이 비슷한 산업구조를 가진 대만의 4%, 일본의 11%에 비해 작다고 보기 어렵다.

경자유전의 붕괴 조짐도 보인다. 2020년 1인당 쌀소비량이 57.7

킬로그램, 하루로 치면 1공기 반에 불과하다. 한국인의 '주식'이라 하기에 민망한 수준이다. 연간 육류소비량은 4.3킬로그램으로 쌀 소비에 근접한다. 시장마다 수입 농산물이 넘쳐난다. 기업농 탄생도 힘든 상황이다. "농지법과 관련 법률을 보면 경자유전에만 너무 집착하고 있다"라며 "농지나 토지 소유 범위 제한이 있으면 농업을 기업 형태로 끌고 가기 어렵다"라고 주장하는 대선주자도 있다.

갑작스러운 경자유전 폐지는 위험할 수 있다. 농지가격 급등, 농업 축소 등에 대비해야 한다. 농업인구 감소 등 환경 변화를 고려한 토지 이용 효율도 짚어 봐야 한다. 식량 자급, 식량안보를 지키며 농업발전과 농민소득 보장도 이뤄내야 한다. 그리스 철학자 헤라클레이토스 말마따나 모든 사물은 끊임없이 변한다. 변하지 않는 것은 죽은 것과 같다. 한국 농업은 변화를 기회 삼아 도생圖生에서 도약으로 가야 한다. 서바이벌survival보다 리바이벌revival이다. (2021. 10. 1.)

제7장
한진해운 파산,
"이럴 줄 알았으면 가만둘 것을"

실패는 경험을 넘어 경륜이 돼야⋯ 명품 정책에는 '빨리빨리'보다 '만만디'가 더 잘 어울려

명품이라 불리는 데는 다 그만한 이유가 있다. 문학세계도 마찬가지다. 싸구려 소설과 좋은 작품을 구별하는 건 그리 어렵지 않다. 양자의 차이는 의외로 사소하다. 흥미진진한 사건을 어떻게 배분하느냐에 주로 달려 있다. 만화는 대개 네 번째 칸마다 웃음거리를 선사한다. 품질 낮은 작품은 거의 모든 페이지마다 적당히 재미있는 내용이 들어가 있다. 한번 맛 들이면 눈을 떼기 어렵다.

반면, 좋은 문학작품을 즐기려면 상당한 참을성이 있어야 한다. 당장은 재미가 없어도 앞으로 등장할 드물면서도 감동적 사건을 기다릴 줄 알아야 한다. 지루해도 도중에 그만두면 안 된다. 긴 문단과 문장을 한땀 한땀 인내하며 읽어 가야 한다. 명화나 명곡

감상도 이와 다르지 않다. 기다릴 줄 아는 능력이 필요하다.

기다림의 미학은 정책에 더 긴요하다. 목전의 어려움을 못 참고 정부가 성급히 시장에 개입하면 탈이 나곤 한다. 최근 벌어지는 물류난을 보노라면 5년 전 한진해운의 악몽이 떠오른다. 누가 이럴 줄 알았으랴마는 파산 결정이 너무 성급했다는 생각이 든다. 지금 그 대가를 혹독히 치르고 있다. 코로나19로 억눌린 소비가 급증하면서 운송 창고 인력 등 물류 전반에 걸쳐 병목 현상이 빚어지며 산업이 궁지에 내몰려 있다.

최근일 기준 주간 해상 컨테이너 운임지수FBX는 1만 519달러의 사상 최고치로 치솟았다. 불과 1년 전 2,032달러와 비해 5.1배 올랐다. 중국 등 아시아에서 북미 동부지역으로 컨테이너를 운반할 때 드는 해상 비용이 40피트 상자 기준 평균 2만 615달러에 이르렀다. 1년 만에 7배 가까운 상승이다. 물류비용 급등이 원자재 가격 폭등과 함께 공급 부족 사태를 야기, 기업의 수익성과 생산성을 동시에 옥죄고 있다. 수주도 어렵거니와 수출을 해도 남는 게 없다.

명작과 명화, 명곡을 즐기려면 기다릴 줄 알아야… '기다림의 미학'은 정부 정책에 더 긴요

반면교사로 삼기 위해서라도 과거지사를 돌아볼 필요가 있다. 2016년 파산하기 전의 한진해운이 어떤 기업이었나. 국내 업계 1

위이자 세계 7위의 업체였다. 세계 시장에서 차지하는 비율이 3%였다. 한진해운이 파산하고 나서 국내 업계 1위가 된 HMM의 세계 시장점유율은 한진해운에 못 미친다. 그사이 세계 해운업 시장은 활황 국면에 접어들었다. 글로벌 해운 운임이 연속해서 최고가를 경신하며 유례없는 해운업 호황이 이어지고 있다.

한진해운 파산을 결정할 당시에도 반대의 목소리가 작지 않았다. 1위의 한진해운을 파산시키고 현대상선을 지원하는 결정에 의아해했다. 현대상선이 한진해운보다 더 어려운 상황에 직면하고 있었던 때문이다. 일부 전문가는 한진해운과 현대상선을 합병하고 합병 후 정부 지원의 필요성을 제기하기도 했다. 이런저런 여론과 의견은 정부의 성급하고 근시안적 결정에 뭉개졌다.

한진해운이 파산에 이르게 된 데는 당해 회사 경영진의 잘못이 크다. 여기에 정책 실패도 단단히 한몫했다. 의사결정이 신중하지 못했던 정책당국의 책임이 가볍지 않다. 글로벌 네트워크인 해운업의 중요성을 간과했고, 국가 기간산업으로서 한진해운의 역할을 과소평가한 측면이 있다. 파산에 따른 국가적 손해가 얼마인지에 대한 조사와 분석을 소홀히 한 책임 또한 면하기 어렵다.

정부는 늘 뒷북이다. 꼭 일이 터지고 나서야 호들갑을 떤다. 이번 역시 해양수산부가 뒤늦게 나섰다. 지난 6월에야 '해운산업 리더 국가 실현전략'을 발표했다. 2030년 국적선사의 원양 컨테이너 선복량을 150만TEU까지 끌어올리고, 지배 선대 1억 4000만DWT(중량톤수) 이상을 달성한다는 계획을 밝혔다. 해운 매출액을

70조 원 이상으로 늘려 한진해운 파산 이전의 K해운을 재건하는 목표를 세웠다.

'보이지 않는 손'에 의해 움직이는 시장경제… 정부의 역할, 즉 '보이는 손'은 제한적이어야

정부가 조선 강국으로 재도약을 위한 청사진도 내놨다. 2030년까지 세계 친환경 선박 시장에서 국내 업체들의 시장점유율을 75%까지 끌어올려 압도적 1위를 굳히겠다는 구상을 밝혔다. 자율주행 선박, 무탄소 선박 등 미래 선박 분야에서도 국내 조선업체들이 주도권을 잡을 수 있도록 4,000억 원을 지원하기로 했다.

정치는 철이 없다. 여당 대표는 박근혜 정부 때 한진해운이 파산된 사실을 적시하며 발뺌이다. 문재인 정부는 해운·조선산업 부흥을 위해 8조 원 기금을 만들어 해양진흥공사를 만들고, 컨테이너선 20척을 발주해 HMM에 지원했음을 내세운다. "HMM 선복량이 회복되고, 한국형 해운선사동맹 'K얼라이언스'가 결성됐다"라며 "코로나19 와중에 많은 화물량의 증가에 때를 맞춰 HMM이 급격히 성장하고 큰 수익이 나오게 됐다"라고 자랑한다.

위기 대응 노력을 말하기에 앞서 애초 위기가 안 생기게 해야 했다. 가만히나 있으면 중간이나 갈 텐데. 정부가 섣부른 조정으로 실패를 자초한 꼴이 되었다. 서둘다 보면 실수는 흔히 생기는 법. 문제는 이를 바로 잡으려면 적잖은 시간과 노력, 비용이 소요되는 점이다. 필요할 때 정부 개입은 당연하다. 그때도 신중에 신중을 거듭해야 한다. 잘 알지도 못하고 끼어들다간 낭패당하기에 십상이다. 구태여 순위를 매기자면 시장이 우선이고 정책은 나중이다.

애덤 스미스의 말마따나, 시장경제는 '보이지 않는 손'에 의해 움직인다. 누가 의도하거나 계획하지 않아도 암묵적으로 자율 작동한다. 이론의 여지는 있으나, 정부의 역할 즉 '보이는 손'은 제한적이어야 한다. 보이지 않는 손만으로 해결되지 않는 때에 한해서다. 정책도 잘못될 수 있다. 하지만 반복은 곤란하다. 실패가 경험에 그치면 발전이 없다. 미래를 위한 경륜이 돼야 하고 그러려면 진중함이 필수다. 명품 정책에는 '빨리빨리'보다 '만만디'가 더 잘 어울린다. (2021. 9. 15.)

제8장
소상공인 손실지원금,
이왕 줄 거면 '두텁고 빠르게'

최적 정책으로 최고 성과 만들어야… '바르고 빠른' 지원 안 하면 경제와 재정 모두 망가져

코로나19가 다 나쁜 건 아니다. 코로나발發 디지털 혁신으로 '유니콘 기업'이 크게 늘고 있다. 비대면 경제가 활성화하면서 정보기술IT을 기반으로 한 스타트업의 가치가 커지기 때문이다. 미국의 시장조사업체 CB인사이트 자료에 따르면, 2021년 6월 말 기준 세계 유니콘 기업이 729개로 집계되었다. 한 해 전 478개 사보다 53%, 251개 사가 늘었다.

수적으로는 미국의 유니콘 기업이 우세다. 374개 사로 1년 전보다 64% 증가했다. 2위를 기록한 중국의 151개 사와 격차가 제법 크다. 업종별로는 소프트웨어, 핀테크 관련 회사가 다수를 점한다. 코로나19 대유행으로 디지털 혁신이 빠르게 이뤄지고 있어서다. 한국의 유니콘 기업 수는 합해서 10개다. 아시아태평양지역에서 중국, 인도에 이어 세 번째다. 6개 사인 일본을 앞지른다.

월스트리트저널WSJ은 한국의 유니콘 기업으로 핀테크 업체 토스, 게임업체 크래프톤, 온라인 쇼핑업체 쿠팡 등을 중점적으로 거론했다. "한국이 유니콘 기업의 산실이 되고 있다"라며 "그동안 대기업이 주도해 온 한국 산업계에서 주목할 만한 변화"로 높게 평가했다. 한국에서 스타트업이 번성하게 된 요인으로 IT에 능숙한 풍부한 인력을 꼽았다.

과장이 아니다. 한국은 거의 모든 개인이 스마트폰을 보유, 잠재력이 큰 온라인 시장이 형성돼 있다. 소매 시장의 전자상거래 비중이 세계에서 가장 높다. WSJ는 중국과 미국, 유럽연합EU 등이 대형 IT 기업에 규제의 고삐를 죄는 데 비해, 한국 정부는 스타트업을 지원하는 점을 강점 요인으로 들었다. 한국의 많은 스타트업이 국내 시장에만 집중해 세계적인 영향력은 제한적임도 함께 지적했다.

양지 뒤 그늘… 유니콘의 '큰 이야기'보다 소상공인의 '쓴 이야기'가 더 크고 아프게 들려

우리 유니콘의 '큰 이야기'가 자랑스럽다. 대한민국 국민이라는 게 신이 난다. 어깨가 저절로 으쓱거린다. 양지 뒤 그늘도 있다. 소상공인과 자영업의 '쓴 이야기'가 더 크고 아프게 들린다. 처지가 절박하다. 벼랑 끝이다. 경기 침체로 고전하던 차에 코로나19의 직격탄을 맞았다. 손님이 줄어 개점 휴업 상태다. 거리 두기가 4단계로 격상되고 나서 행인의 발길마저 뜸하다. 적막강산이 따로 없다.

임대료와 관리비가 밀려간다. 카드 및 소액 대출로 연명하나 연체 빈발을 못 면한다. 최저임금 인상까지 목줄을 조인다. 내년 최저임금이 올해보다 5.1% 올랐다. 시간당 9,160원으로 정해졌다. 비용 상승이 코로나바이러스보다 무섭다. 빚은 갈수록 태산이다. 2020년 자영업자 대출잔액이 803조 5,000억 원이었다. 2021년 1분기에는 831조 8,000억 원으로 더 늘었다. 사상 최대 신기록 행진이다.

나라 살림을 책임지는 정부야말로 더없이 난감할 것이다. 우산 장사와 짚신 장사의 두 아들을 둔 부모 마음이 이만하랴. 실제로 위기와 기회, 두 얼굴의 코로나19와 싸우느라 밤낮이 없다. 이럴 땐 공격도 잘하고 수비에도 능한 멀티태스킹이 유효할 수 있다. 잘나가는 쪽에는 지속적 유인을, 힘든 쪽에는 부단한 지원을 아끼지 않는 게 효과적이다. 기회는 기회대로 살리면서 위기는 위기대로 최소화하는 다중작업으로 일거양득을 노려볼만하다.

소상공인과 자영업 지원은 심사숙고를 거듭할 필요가 있다. 어떤 대상에 얼마를 어떻게 도울지를 깊이 고민해야 한다. 지켜야할 몇 가지 원칙도 있다. 그중 첫째는 적극 재정이다. 국가적 위기에는 재정이 주도적 역할을 해야 한다. 시장 메커니즘에 기대기에는 코로나의 피해가 워낙 크고 넓다. 이치상으로도 전염병 확산을 막기 위해 사회적 거리 두기와 집합 금지를 한 정부가 피해 보전에 앞장서는 게 맞다.

위기와 기회, 두 얼굴의 코로나19… 기회 살리고 위기 줄이는 다중작업으로 일거양득 노려야

둘째는 선별 지원이다. 코로나19로 모두가 피해를 본 것은 아니다. 따라서 코로나로 타격이 큰 소상공인과 자영업에 집중적으로 지원하는 게 옳다. 지원 기준도 종전처럼 업종별 구분은 곤란하다. '실제로 코로나19 피해가 있었는지'가 기준이 돼야 한다. 지원 대상을 넓히면 각자에 돌아갈 몫이 줄어든다. 푼돈 수준에 그쳐 별 도움이 안 된다. 피해를 보지 않은 대상까지 도울 정도로 재정 여건이 여유롭지 못하다.

셋째는 신속 지급이다. 하루하루 사투를 벌이는 소상공인과 자영업으로서는 일각이 여삼추다. 기왕 줄 거면 하루라도 빨리 줘야 한다. 사또 행차 뒤 나팔 부는 격이 되면 안 된다. 시간을 끄는 사이 줄도산에 이른다. 마지막 원칙은 연합 전략이다. 사태가 심각한 만큼 재정만으로는 감당이 어렵다. 보완책이 병행되어야 한다. 임대료를 내리고 대출 금리를 낮추는 유인책이 함께 나와야 한다.

왜 그래야 하는지 일례만 들어 보자. 서민대출의 대표 격인 햇살론의 금리가 얼마인가. 자그마치 15.9%다. 법정 최고금리가 24%에서 20%로 인하됨에 따라 그나마 17.9%에서 2.0% 포인트 내린 게 그 정도다. 저신용 자영업자가 어찌 그런 고금리를 감당할 수 있겠는가. 상환 불능에 빠지기에 십상이다. 이런 상황에서 손실지원금을 풀어 본들 그 돈이 어디로 가겠는가. 십중팔구 임대인이나 금융권으로 흘러갈 소지가 크다.

바르고 빠른 지원이 관건이다. 망건 쓰다 장 파하는 일이 벌어져선 안 된다. 우왕좌왕, 우물쭈물하다가는 경제와 재정 모두 다 망가지고 만다. 최선의 노력으로 최적의 정책을 펼쳐도 기대만큼 성과가 나오지 않을 수 있다. 그런 경우야 어쩔 수 없다손 치더라도, 부실한 정책과 엉성한 대응으로 실패를 자초하는 일만큼은 절대 없어야 한다. 야구에서처럼 안타로 점수는 못 내도 에러로 실점은 말아야 한다. (2021. 7. 19.)

제9장
탈원전 훌훌 벗고 세계로 훨훨 날자

정책 전환이 정책 실패? 변경 불가의 가치와 전략은 없어… 상황 바뀌면 정책도 달라져야

천년 제국 비잔티움 또는 동로마 역사에서 인물은 한 명만 기억하면 된다. 주제넘은 얘기지만 유스티니아누스 황제 하나로 족하다. 기독교 제국에서 황제교황주의를 보여 준 대표적 인물로 역사의 한 획을 그었다. 재위하는 동안 교회에 대한 헌신을 인정받아 그리스정교회로부터 대제大帝의 칭호를 받았다. 로마에는 세 명의 대제가 있었다. 콘스탄티누스 대제, 테오도시우스 대제 그리고 유스티니아누스 대제이다.

6세기 유스티니아누스는 비잔티움제국의 전성기를 이끌었다. 황제의 목표는 옛 로마제국의 재건과 전통의 계승에 있었다. 그가 이룬 위업은 세 가지다. 옛 로마제국 영토회복, 성 소피아 성당 건축, 로마법전 편찬이다. 실제로 그는 서로마 영토를 거의 회복했다. 20여 년의 서방 정복 전쟁을 통해 북아프리카의 반달왕국(534년), 에스파냐의 서고트왕국의 일부(554년), 이탈리아의 동고트왕국(555년)을 다시 제국의 영토로 만들었다. 지중해 지배권도 함께 장악했다.

그런 유스티니아누스도 그 시대에는 인기가 없었다. 옛 로마의 영광을 회복한다고 정복 전쟁을 치르느라 과중한 세금을 매겼기 때문이다. 532년, 급기야 백성들이 들고일어났다. 두려워 도망가려는 황제를 황후 테오도라가 가로막고 나섰다. 비겁하게 도망치느니 황제답게 싸우다 죽는 게 낫다는 서릿발 선 충고를 건넸다. 정신을 차린 유스티니아누스는 군대를 동원해 3만여 명의 시민을 물리치고 권력을 되찾았다.

1500년도 넘은 얘기를 불쑥 꺼내든 건 나름의 이유가 있어서다. 인물과 행적에 대한 평가는 후대의 몫임을 말하고 싶어서다. 성과나 업적이 당대에 환영받지 못한 사례를 역사는 수없이 반복한다. 우리라고 그런 예가 없을까. 세종대왕이 훈민정음을 창제할 당시 신하들의 반대가 극심했다. 1982년 야간 통행금지가 해제될 때는 온 나라가 무법천지가 되는 줄 알았다. 1993년 금융실명제 시행 때도 경제 혼란을 걱정하는 목소리가 높았다. 결국은 다 기우에 그쳤다.

인물과 업적에 대한 평가는 후대의 몫… 그때는 인기 없어도 나중에는 업적으로 남을 수 있어

큰일은 큰 안목으로 통 크게 대처해야 한다. 한국과 미국이 중동, 유럽 등 제3국 원전 시장에 공동 진출하기로 큰 합의를 이뤘다. 원전 설계 등 원천기술에 강점을 가진 미국과 원전 시공 능력이 뛰어난 한국이 손을 잡았다. 멈췄던 원전 수출이 탄력을 받을 걸로 기대된다. 원전 기술의 사장과 우수 인력의 해외유출을 고민하던 원자력 산업계는 몹시 반가워하는 기색이다.

우려도 나온다. 탈원전 정책과 원전 수출 사업이 엇박자를 낼까 걱정한다. 탈원전이 원전 수출을 방해하지 않을까 조마조마해 마음을 졸인다. 국내에서는 탈원전을 추진하면서, 해외에서는 원전을 수출하려는 게 이중 행동으로 비치지 않을까 고민스럽다. 위험하다고 자국에서는 만들지 않을뿐더러 있는 것도 없애는 원전을 믿고 사줄 나라가 과연 얼마나 될지. 솔직히 두렵고 떨린다.

어려움은 희망의 메시지를 전하곤 한다. 어찌 보면 지금이 원전 정책 전환의 적기일 수 있다. 탈원전 주장도 일리가 있고 뿌리도 깊다. 1956년 영국에서 최초의 상업용 원전을 가동하면서부터 제기돼 왔다. 통제 가능한 기술을 확보하지 못한 위험한 에너지라는 불안감이 여전하다. 그간 원전 기술이 비약적으로 발전하고 많은 나라에서 원전을 가동한 지 60여 년이 지났지만, 원전에서 배출되는 핵폐기물을 근본적으로 안전하게 처리하는 기술이 개발되지 못하고 있다.

이런 이유 등으로 1979년 발생한 미국 스리마일섬 원전 사고, 1986년 소련 체르노빌 원전 사고, 2011년 일본 후쿠시마 원전 사고는 지금도 원전 반대론자들의 주된 근거로 널리 활용된다. 우리나라도 원전이 지리적으로 밀집해 있고 인근 지역의 인구밀도가 과밀하다는 점을 들어, 사고가 터지면 끝장이라는 공포 마케팅이 활개를 친다.

'정책 전환 = 정책 실패'의 사고방식은 고루… 나방은 허물을 벗어야 비로소 나비로 탄생

실상 파악이 중요하다. 우리나라의 원전은 모두 가압경수로이다. 원자로에서 뜨겁게 달궈진 물이 파이프를 통해 증기발생기로 가는 구조이다. 증기로 터빈을 돌리는 방식이다. 물이 담긴 용기에 간접적으로 열을 가해 데우거나 끓이는 중탕重湯 개념이다. 이 모든 과정은 콘크리트 격납고 안에서 이뤄진다. 방사능이 누출될 가능성이 작다. 세계 원전의 60%를 차지할 만큼 많이 활용된다.

비등경수로는 증기발생기가 없어 원자로에서 직접 물을 끓여 증기를 생성한 후 터빈을 돌린다. 세계 원전의 22%를 차지한다. 체르노빌 원전과 후쿠시마 원전 모두 비등경수로다. 비등경수로는 열효율이 높지만, 원자로 계통과 터빈 계통이 완전히 분리되지 않아 방사능이 새 나갈 위험이 없지 않다. 후쿠시마 원전 사고는 리히터 규모 9.0의 대지진으로 방사능이 바닷물에 누출되면서 발생했다.

우리는 일본과 또 다르다. 지진의 위험이 적을뿐더러 원자로 외관에 5중 방호벽까지 설치해 방사성 물질 누출 위험이 거의 없다. 최악의 시나리오는 스리마일섬 원전 사고 같은 경우인데, 이때도 원전만 못쓰게 되고 주변 지역에 대한 방사능 영향은 없다는 게 전문가의 진단이다. 더구나 원전에서 생산하는 전력은 다른 발전원에 비해 압도적으로 값이 저렴하다. '탄소 제로'의 친환경 에너지원이기도 하다. 우리 정부도 2050년까지 탄소중립 실현을 선언했다.

어려운 선택일수록 단호한 재검토가 필요하다. 정책 전환이 정책 실패라는 사고방식은 고루하다. 상황이 바뀌면 정책도 달라지는 게 맞다. 유스티아누스처럼 그때는 알아주지 않아도 나중에 가면 업적으로 평가받을 수 있다. 공자 말씀대로 "허물이 있으면 고치기를 꺼리지 말아야 한다." 나방은 허물을 벗어야 비로소 나비가 되는 법. 대한민국 원전산업도 탈원전 나방의 허물을 벗고 세계로 웅비하는 나비가 되었으면 하는 간절한 바람을 보탠다.

(2021. 6. 1.)

제5부

금융과 대출:
큰물에서 경영하라

'우물 안 개구리'에서 '바다거북'으로 진화하라

제1장
벌어지는 예대금리,
정부는 공급자·소비자 잇는 '사잇꾼' 돼야

금리 급등에 금융소비자 부담 가중… "금리 결정에 간섭하기 어렵다"라는 건 정부의 책임 회피

"대적이 아니라 경협, 즉 경쟁하면서 협력하는 게 중요하군요."

"그렇지, 에너미enemy는 안 돼. 라이벌rival이어야지. 라이벌의 어원이 리버river야. 강물을 사이에 두고 윗동네 아랫동네가 서로 사이가 나빠. 그런데도 같은 물을 먹잖아. 그 물이 마르고 독이 있으면 동네 사람이 다 죽으니, 미워도 협력을 해. 에너미는 상대가 죽어야 내가 살지만, 라이벌은 상대를 죽이면 나도 죽어. 상대가 있어야 내가 발전하지. 같이 있는 거야. 기업도 마찬가지라네. 대기업과 중소기업, 벤처는 에너미가 아니라 라이벌이야. 큰 조직은 작은 조직의 모험 정신을, 작은 조직은 큰 조직의 시스템을 배우며 수시로 모이고 흩어지기를 반복해야 해."

『이어령의 마지막 수업』의 위 소절을 읽으며 심장이 멎는 줄 알았다. 천 마디 말로도 설명이 힘든 대기업과 중소기업의 관계를 어찌 이리 간결하고 명쾌히 정의할 수 있단 말인가. 지혜의 말씀에 고개가 절로 숙여진다. 죽음을 앞둔 금 시대 큰 스승의 마지막 메시지를 접하는 것 같아 가슴이 미어진다.

이게 어디 기업에만 국한되는 얘기일까. 어찌 보면 금융에 관한 이야기일 수 있다. 공급자와 소비자가 라이벌이 아닌 에너미로, 경협이 아닌 대적으로 살아가는 한국 금융의 볼품없는 자화상을 꾸짖는 질책으로 다가온다. 코로나 팬데믹과 경기침체로 말할 수 없는 고초를 겪는 금융소비자를 상대로 금융회사는 사상 최대의 흑자 행진을 벌이고 있다. 예금금리는 낮게 쳐 주면서 대출금리는 높게 매겨 과도한 예대마진을 챙기고 있다.

수급자간 금융 불균형은 비단 어제오늘 일이 아니다. 한국은행 기준금리가 오르면서 한층 노골화되고 있다. 0.5%를 유지하던 한국은행 기준금리는 다섯 달 만에 1.25%로 두 배 반 올랐다. 기준금리가 오를 때마다 은행이 예·적금 금리도 올리긴 했으나 대출금리 상승 속도가 더 빨라 예대금리차가 시나브로 커져 왔다. 현재도 은행의 정기예금 금리는 연 1%대인데 신용대출 금리는 연 5%대 돌파를 목전에 두고 있다.

금융시장의 공급자와 소비자는 에너미가 아닌 라이벌… 대적 아닌 경쟁과 협력으로 상생해야

금리가 급상승하는 상황에서는 예금금리가 오른 이상으로 대출금리가 오르는 경향은 더욱 심해진다. 예대금리차의 간극이 여간해서 좁혀지기 어렵다. 한국은행 자료만 봐도 쉽게 확인된다. 실제로 2022년 1월 기준 5대 은행의 신용대출 평균 금리는 3.89%로 전년 동기 2.76% 대비 약 1.13% 포인트 늘어났다. 반면 예금금리의 경우 평균 1.68%로 전년 동기 0.9% 대비 0.78% 포인트 증가에 그쳤다.

예금금리가 오르면 변동형 주택담보대출과 전세대출 등 주요 대출금리도 덩달아 치솟는 구조도 문제다. 연결 고리에 대출의 기준금리로 활용되는 코픽스가 있다. 코픽스는 은행이 대출을 위한 자금을 모으는 데 든 비용을 나타내는 지수다. 코픽스는 국내 8개 대형 은행의 정기예금·금융채 등의 금리를 가중 평균해 산출된다. 이 중 압도적 비중을 차지하는 게 예금이다. 예금금리가 오르면 코픽스와 대출금리가 차례로 오르는 이유다.

해결의 실마리를 금융 공급자와 소비자가 생명공동체라는 점에서 찾아야 한다. 예금금리와 대출이자의 차익이 커지면 우선 당장은 은행에 유리할 수 있다. 하지만 그게 다가 아니다. 소비자 부담 증가가 여신 부실화로 이어지면 종국적으로 은행에도 부메랑으로 돌아온다. 같이 죽는 길이다. 한은 통계에 따르면, 2021년 11월 기준 가계대출 75.7%, 기업대출 67%가 금리 상승 위험에 노출된 변동금리 상품이다.

정부가 해결사로 나서야 한다. 그러라고 있는 금융당국이 무슨 연유에서인지 소극적이다. 과도한 개입과 간섭으로 관치의 오명을 뒤집어쓴 처지인데도 유독 금리 문제에서만큼은 몸을 사리는 모양새다. 그래도 말은 그럴싸하다. "예대금리차 추이를 예의주시하고 있다"라며 "사실상 자율에 맡겨진 은행의 금리 결정에 간섭이 쉽지 않다"라는 변명 아닌 변명을 늘어놓고 있다. 누가 봐도 분명한 책임 회피다.

예대 차익 커지면 당장은 은행에 유리하나… 여신이 부실화로 이어지면 결국은 은행에 부메랑

이를 지적하고 나무라야 할 언론은 문제의 핵심에 접근조차 못하고 있다. 그저 변죽만 울리는 수준이다. 대출금리가 오르면 '영끌' '빚투' 등으로 무리하게 집을 마련한 2030 세대의 피해가 심각해질 거라는 투의 보도나 하고 있다. 걱정인지 조롱인지 얼른 분간이 안 간다.

급기야 정치권에서도 우려가 나왔다. 벌어지는 예대금리차를 해결하겠다는 공약이 등장했다. 한 대선 후보가 "시중은행들이 예금금리와 대출금리 간 차이를 주기적으로 공시하도록 하겠다"라며 "또 기준금리 변동 시 예대금리차가 가파르게 증가하는 경우에는 담합의 요소가 있는지 등을 면밀히 살피도록 해서 금융소비자를 보호할 계획"이라 밝혔다. 양은 차지 않으나 공약空約으로 끝나지 않기를 바란다. 이어령 선생님은 이 부분에 대해서도 분명한 해답을 주신다.

"관계에서 가장 중요한 게 뭔 줄 아나. 인터페이스야. 위치로 보면 목! 머리와 가슴을 잇는 이어 주는 목! 손과 팔을 잇는 손목, 발과 다리를 잇는 발목, 모든 국가, 모든 기업, 모든 개인은 이 '목'이 가장 중요해. 사람 꼼짝 못 하게 할 때 어떻게 하나? 목에 칼을 씌우고, 손목에 수갑 채우고, 발목에 쇠고랑 채우지. 인터체인지를 묶는 거야."

"우리 어릴 때 놀 때 어른들이 '사이좋게 놀아라" 그러잖아. 그 사이가 '목'이야. 목이 막히지 않은 게 편안한 상태야."

요지인즉 정부가 금융시장 혼란을 방관만 할 것이 아니라, 나서서 공급자와 소비자의 목을 잇는 공존과 상생의 '사잇꾼'이 돼 달라는 당부의 말씀이다. 현자의 논지를 금융당국이 차분히 음미해야 할 것이다. 주제넘은 사설인 줄 알지만, 선생님의 마지막 강의를 소일 삼아 읽어 주기를 바란다. (2022. 1. 30.)

제2장
금융이 무슨 동네북?
구멍 '숭숭' 뚫린 가계부채 총량제

좋은 의도 규제도 나쁜 결과 가져올 수 있어… 규제로 금융을 억누르거나 옥죄면 안 돼

대한민국 금융사전에는 없는 단어가 있다. '자율'이다. 대신 그 자리에 '관치'가 들어가 있다. 관치도 잘만 하면 환영이다. 나쁜 관치가 문제다. 작금의 금융정책에서 혼선이 잦다. 가계부채 위험 해소를 위한 대출총량 규제가 삐걱거린다. 갖은 애를 쓰고 온갖 수단을 망라했건만 결과가 영 신통찮다. 경기침체와 코로나19의 변수 앞에서 맥을 못 추는 모양새다.

정부는 시장 개입에 적극적이다. 소득 주도 성장이라는 국정과제에 맞춰 가계부채 억제를 위한 대출 총량제를 시행했다. 가계부채 총량제란 무엇인가. 이름 그대로다. 총수입의 일정 상한선 이상으로 부채를 일으키지 못하게 제한하는 것을 말한다. 간단히 말해 수입에 맞춰 부채 범위를 제한하는 내용이다.

2017년 8월 금융위원회는 주택담보대출비율LTV과 총부채상환비율DTI 합리화를 위한 대출 감독규정을 개정했다. 2018년 3월부터는 상환능력에 초점을 맞춘 새로운 총부채원리금상환비율DSR 제도를 단계적으로 도입했다. 이후로도 가계부채 대책 후속 조치 및 가계대출 동향 점검을 통해 금융권 여신관리·감독을 강화했다. 그 덕에 연도별 가계부채 증가율이 낮아졌다. 2016년 11.6%에서 2017년 8.1%, 2018년 5.9%, 2019년 4.1%로 하향 커브를 그렸다.

돌연 상황이 반전되었다. 2020년 3월 이후 코로나19가 창궐하며 가계부채 증가율이 되살아났다. 2020년 7.9%로 치솟았다. 그럴 수밖에 없었다. 경제 불황을 극복하기 위한 생계형 긴급대출이 급증했다. 저금리 등 완화적 금융 여건에 부동산·가상화폐·주식 투자 열풍이 불러온 '빚투', '영끌' 붐까지 겹쳤다. 2021년 3분기 말 가계부채 잔액이 1,844조 9,000억 원으로 사상 최대치를 갈아치웠다. 전년 동기 대비로는 163조 1,000억 원 증가한 수준이다.

가계부채 조이는 대출 총량제 '삐걱'… 예대마진 확대로 소비자에 피해 주고 은행만 좋아져

금융당국이 가만있지 않았다. 가계부채의 고삐를 조이기 위해 금융권에 더 강력한 통제를 주문했다. 지난해 말 은행권 수장들을 소집했다. 올해 증가율을 5~6%대로 관리하겠다는 가계대출 관리계획을 받아 냈다. 근거 없는 조치는 아니었다. 은행법 제34조에 따르면 은행은 당국이 정한 경영지도 기준을 지켜야 한다. 대출 리스크관리도 경영지도 대상에 포함돼 있다. 충족지 못하면 이익 배당 제한 등 경영 개선에 필요한 조치를 받아야 한다.

현재는 시중은행 대부분이 올해 가계대출 증가율 목표치에 근접한 상태다. 2021년 6월 고신용자에 대한 신용대출을 시작으로 마이너스 통장과 집단대출의 금리를 올리고 한도를 줄여온 결과다. 일부 은행은 주택담보대출과 전세대출 신규 판매를 중단하는 초강수를 뒀다. 연말이 다가오며 총량 관리에 여유가 생기자 목표치를 맞추기 위해 닫혔던 대출 문을 슬며시 열고 있다. 그래봤자 연말까지의 훈풍에 불과하다.

2022년에는 대출 한파가 더 거세질 전망이다. 가계부채 총량 관리 목표치가 2021년보다 낮은 4~5%로 관리된다. 경제 불황에 금융 불균형까지 커지는 상황에서 엄격한 규제가 필요하다는 판단에서다. 10월 26일 비상경제 중앙대책본부 회의를 열고 '가계부채 관리 강화 방안'을 의결했다. 2022년 1월부터 총대출액이 2억 원을 넘으면 DSR이 적용되고, 7월부터는 총대출액 1억 원 초과로 DSR 규제가 확대된다. DSR 산정 때 카드론도 포함된다.

잘될지 의문이다. 규제에 구멍이 숭숭 뚫려 있다. 예외 사항이 적지 않다. 실수요자 보호를 위해 2021년 4분기에 취급된 전세대출은 총량 한도에서 제외한다. 집단대출 또한 중단 사례가 없도록 관리한다. 결혼이나 장례, 수술 등 실수요로 인정되면 연 소득 대비 1배로 제한한 신용대출 한도에 일시 예외를 허용한다. 중·저신용자 대상 중금리대출 확대 기조도 유지하고 서민·취약계층 대상 서민금융상품 공급 확대도 지속한다.

가계부채 대응 당연하나… 급격한 부채축소가 신용위험과 경기침체로 이어질 수 있는 게 고민

가계부채가 늘어 하등 좋을 게 없다. 역기능과 악영향이 우려된다. 가계소비를 제약하고 부동산 가격 상승을 부추길 수 있다. 금융위기의 이면에는 과도한 누적 부채가 늘 자리 잡고 있었다. 지금처럼 코로나19 장기화와 경제난이 지속되는 상황에서 가계부채 대응은 당연하다. 다만, 가계부채의 급격한 축소가 실수요자 피해를 키우고 신용위험과 금리 인상으로 이어질 수 있다는 게 고민이다.

기대보다 우려가 현실화하고 있다. 가계대출 규제가 금리 인상과 예대마진 확대로 불거지는 양상이다. 신규취급액 기준 예금은행의 가계대출 평균 금리가 2021년 10월 기준 연 3.46%로 2020년 말과 비교해 0.67% 포인트 올랐다. 같은 기간 은행의 저축성 수신금리는 연 1.17%로 0.39% 포인트 상승에 그쳤다. 2021년 10월 잔액 기준 총수신금리에서 총대출금리를 뺀 예대금리차는 2.16%로 지난해 말보다 0.11% 포인트 점프했다. 은행만 웃고 있다.

시장금리가 오른 이상으로 이자 폭이 상승하며 소비자의 체감금리가 높아지고 불만 또한 커진다. 그러자 은행 금리에 직접 개입이 어렵다고 선을 그어 온 금융당국이 금리 산정체계 점검에 나설 것을 밝혔다. 영업 현장의 대출금리를 살펴보고 필요하면 모범 규준을 개선할 요량이다. 걱정도 있다. 한국은행 기준금리 인상을 틈타 은행의 예대차익 폭이 더 커지는 게 아니냐는 우려가 고개를 든다.

규제는 의료와 같다. 증상 치료보다 원인 치유가 돼야 한다. 가계대출 증가율 등 수치나 규제할 게 아니라 부동산 문제 등 근본 원인을 해소하는 게 맞다. 오기의 규제는 더 나쁘다. 시도해 보고 문제가 생기면 다른 방도를 찾아야 한다. 결과가 어찌 되든 계속 밀어붙이는 것만큼 무모하고 위험한 일이 없다. 좋은 의도의 규제도 나쁜 결과를 가져올 수 있는 터. 규제로 금융을 억누르거나 옥죄면 안 된다. 금융이 무슨 동네북인가. (2021. 11. 30.)

제3장
금융은 만능의 칼,
대출 눌러 집값 잡는 오징어게임

국민 가려운 곳 긁을 줄 알아야 좋은 정부… 부동산 정책도 수요자 니즈 파악해 초점 맞춰야

금융은 만능 칼이다. 전가의 보도처럼 요긴하게 쓰인다. 최근에는 집값 잡기의 방편으로 활용된다. 2021년 10월 정부가 개인별 총부채원리금상환비율DSR 규제 대상을 앞당겨 확대하는 '가계부채 관리 강화 방안'을 발표했다. 연 소득 5000만 원인 직장인의 주택담보대출 가능액이 2억 4000만 원에서 1억 5000만 원으로 줄어든다.

2022년에는 규제가 더욱 강화된다. 1월부터 2억 원이 넘는 신규 대출을 받는 사람은 연 소득 대비 연간 원리금 상환액이 40%를 넘을 수 없다. 이어 7월부터는 1억 원을 초과하는 대출에까지 이 원칙이 확대 적용된다. 원래는 2022년 7월, 2023년 7월에 각각 도입될 예정이던 차주 단위의 DSR 2, 3단계가 앞당겨졌다. 2021년 4월 정부가 "대상을 단계적으로 확대하겠다"라며 애초 계획을 밝힌 지 불과 6개월 만이다.

취지는 알 만하나 후폭풍이 거세다. 고강도 대출 규제로 '금융 사다리'가 걷히면서 '주거 사다리'가 끊겼다. 은행으로부터 돈줄이 막히면서 내 집 마련의 길이 더 멀어졌다. 여기에 전세대출 한도마저 줄면서 월세로 나앉는 사람이 늘게 생겼다. 그나마 기댈 언덕이던 금융이 어려워지면서 무주택 서민의 한숨이 깊어진다. 정부가 그토록 강조해 온 실수요자 보호는 구호에 그치게 되었다.

대출 시장은 벌써 혼란이다. 규제가 강화되면서 시장 메커니즘이 왜곡되는 현상이 나타났다. 주택담보대출 금리가 신용대출 금리보다 높아지는 기현상이 벌어졌다. 5대 은행의 주택담보대출 금리가 신용대출 금리보다 상·하단 모두 높아졌다. 통상 주담대는 담보가 있어 금리가 낮은데 신용대출보다 금리가 웃돌게 된 것이다. 대출 총량을 줄여야 하는 은행들이 규모가 큰 주담대를 줄이려 이자를 상대적으로 빠르게 올린 결과다.

대출 규제로 '금융 사다리' 끊겨⋯ '주거 사다리' 걷어차이며 내 집 마련의 길은 더 멀어져

또 고신용자 금리가 저신용자보다 높아졌다. 인위적인 대출 규제로 신용이 좋으면 낮은 금리 적용을 받을 수 있는 금융 상식이 무너졌다. 전국은행연합회에 따르면, 2021년 9월 5대 은행의 1~2 등급 고객 신용대출 금리는 최근 한 달 새 평균 0.046% 포인트 올랐다. 같은 기간 3~4등급 고객의 금리는 반대로 0.066% 포인트 내렸다. 은행들이 한도가 높은 고신용자 대출을 줄이기 위해 각종 우대 금리를 폐지하거나 가산 금리를 높이면서 고신용자 대출 금리가 올라간 것이다.

복지를 위해 금융이 희생되는 경우도 심심찮다. 사회안전망으로 보호할 영역을 금융시장으로 끌어들이는 무리수가 빈번하다. 생활·주거 안정, 청년·대학생 지원, 기초생활 보장, 자영업 지원 등 각종 명목의 금융 우대가 즐비하다. 금융은 금융, 복지는 복지다. 금융과 복지는 각자 영역에서 본연의 역할에 충실하게 해야 한다. 소득 불평등 해소는 금융지원보다 재정지원이 걸맞다.

관료들은 대개 성질이 급하다. 김칫국부터 마신다. 지레짐작으로 그렇게 될 걸로 믿는 성향이 없지 않다. 최근 집값 상승세가 주춤해지자 경제부총리가 반색했다. 부동산 안정의 중대한 기로를 맞고 있다는 의견을 밝혔다. "최근 주택시장은 2021년 8월 말 이후 주택공급조치 가시화, 금리 인상, 가계대출 관리 강화 등 일련의 조치로 인한 영향이 이어지면서 그간 상승 추세가 주춤하고 시장심리 변화 조짐이 점차 뚜렷해지는 모습"이라고 진단했다.

뒤질세라 국토교통부 장관도 거들고 나섰다. 최근 집값 상승 폭이 다소 둔화하는 현상을 두고 주택시장이 안정 국면에 접어들었다고 진단했다. "최근 주택시장은 정부의 다각적 공급 확대와 강도 높은 가계부채 관리 등이 이어지면서 과열 국면에서 벗어나는 흐름이 강해지는 양상"이라 평가했다. 주무장관의 처지를 이해 못할 바 아니나, 객관적 사실로보다 주관적 희망 사항으로 들린다.

사안이 복잡할수록 기본에 충실해야… 집값 문제의 해법은 수요 공급의 원리에서 찾아야

정부는 매사에 낙관적이다. 집값 전망도 그렇다. 올해도 아파트 공급이 충분할 걸로 내다봤다. 결과는 초라하다. 부동산 R114에 따르면 2021년 10월까지 서울에서 분양한 민간아파트는 5,437가구에 그쳤다. 11년 만에 최저치다. 연초 예상했던 4만 4,722가구의 12% 남짓이다. 남은 두 달간 예정된 분양물량을 최대로 잡아도 1만 5,410가구, 목표치의 34%에 불과하다. 이런 공급가뭄이 당분간 이어질 거라는 게 더 큰 고민이다.

부동산 관련 혼란과 시행착오의 원인은 어디에 있는 걸까? 그런 눈으로 봐서인지, 정부가 정답은 놔두고 되레 이를 피해 가는 인상을 준다. 사안이 복잡할수록 기본에 충실해야 하는 법. 집값 문제도 수요 공급의 원리에서 해법을 찾는 게 순서일 듯싶다. 즉, 가격을 떨어뜨리려면 일단 공급을 늘려야 한다. 그런데도 정부는 금융 규제를 통한 수요 억제에 주력하는 모양새다.

알다시피 서울 지역은 집 지을 만한 땅이 거의 남아 있지 않다. 주택 공급을 늘리려면 재건축이나 재개발을 활성화하는 수밖에 달리 방도가 없다. 용적률을 높이고 층높이를 올리는 게 그나마 대안일 수 있다. 정부는 아직 그럴 의지가 없어 보인다. 재건축과 재개발 추진에 여전히 소극적이다. 이미 진행 중인 단지의 분양이 줄줄이 연기되는 상황도 수수방관하고 있다.

좋은 정부는 국민의 가려운 데를 긁을 줄 알아야 한다. 부동산 정책도 수요자의 정확한 니즈를 파악해 거기에 초점을 맞춰야 한다. 일하는 곳 근처에, 교육 여건 등 거주 환경이 좋은 곳에 내 집을 마련하고 싶은 게 인지상정이다. 지금도 인기가 없어 비어 있는 공공임대주택이나 권하는 것은 무주택자에게 도움이 안 될뿐더러 원하는 바도 아니다. 성경에 나오는 비유대로, 떡을 달라는데 돌을 주며 생선을 달라는데 뱀을 주는 식이 되면 안 된다.

(2021. 11. 5.)

제4장
기업銀 중도상환수수료 면제,
모든 금융사 따라 할 일

금융공급자 역대급 실적은 금융소비자 희생의 결과… 상생은 기업에서보다 금융에 더 절실

IBK기업은행이 한 건 했다. 국책은행 이름값을 했다. 경기침체와 신종 코로나 바이러스 감염증 사태로 힘든 시기에 대출금 중도상환수수료를 일시 면제키로 했다. 은행장이 국회 정무위원회 국정감사에서 중도상환수수료를 인하하거나 면제하는 방안에 대해 적극적으로 검토할 것을 직접 약속했다.

은행이 먼저 결정한 일은 아니다. 국회의원이 슬쩍 옆구리를 찔렀다. "중도상환수수료의 존재 이유는 은행에서 계획한 만큼의 자금 수요가 없을 경우 발생하는 리스크를 고객에게 지우기 위한 것"이라며 "현재는 자금 수요가 넘치는 상황으로, 정책금융기관으로서 기업은행이 적극적으로 중도상환수수료 인하나 면제를 고민해야 한다"라고 질의했다.

은행장이 엉겁결에 한 말일지 모르나 돈을 빌려 쓴 개인이나 기업에는 잘된 일이다. 대출을 받고 나서 여윳돈이 생기면 그때마다 상환할 수 있어 이자 부담을 덜 수 있게 되었다. 돈이 필요한 사람도 다른 차입자가 중도에 상환한 돈을 은행에서 새로 빌리는 게 가능해졌다. 은행으로서도 별 손해가 없다. 다른 부문에 활용하거나 신규 대출 자원으로 사용하면 된다. 여신 총량 관리에도 문제가 생기지 않는다.

차입하는 쪽에서 보면 중도상환수수료가 가볍지 않다. 금리 수준과 비교해도 낮다고 보기 어렵다. 기업은행의 경우, 대출상품의 중도상환수수료는 고정금리형 기준으로 가계는 주택담보대출 1.2%, 그 외 0.8%다. 기업은 부동산담보 1.4%, 그 외 0.9%다. 시중은행은 더 높은 수수료율을 적용한다. 금융위원장도 같은 생각이다. 보금자리론 등 정책 모기지 상품의 중도상환수수료율을 최대 1.2%에서 0.6%로 낮추는 방안을 검토 중임을 밝혔다.

IBK, 중도상환수수료 일시 면제 검토… 돈 빌린 개인·기업에는 잘된 일, 은행도 별 손해 없어

개념을 이해해야 실상을 파악한다. 중도상환수수료는 금융회사에서 돈을 빌린 고객이 만기 전에 대출금을 갚을 경우 금융회사가 고객에게 물리는 벌칙성 수수료다. 금융회사는 고객으로부터 받은 예금을 대출 등으로 운용해 다른 고객에게 빌려준다. 그리고 고객에게 빌려준 대출금 이자로 예금이자를 충당한다. 그런데 고객이 대출금을 예정보다 일찍 갚으면 금융기관 쪽에서는 손해를 볼 수 있다.

고객이 대출금을 만기 전에 미리 갚았을 때 금융기관은 남은 기간의 대출이자를 받지 못하면서도 다른 고객의 예금이자는 지급해야 하기 때문이다. 난감해진다. 금융회사에서는 자금운용 계획을 세우는데, 대출이 조기상환 되면 새로운 운용처를 찾아야 한다. 찾는 기간 동안 자금 운용에 공백이 생겨 수익을 볼 수 없다. 그래서 이에 대한 보상으로 조기 상환자에게 중도상환수수료를 요구하는 것이다.

요약하면, 고객이 대출금을 미리 갚는 경우 금융회사가 보게 되는 손해를 보전하기 위해 고객에게 물리는 일종의 벌금이다. 선진국 금융기관에서는 이미 오래전부터 중도상환수수료가 일반화되었다. 그에 비해 한국에서의 역사는 그리 오래되지 않았다. 국제통화기금IMF 체제 이후부터다. 1996년까지만 해도 금리가 상승추세여서 받은 대출금을 미리 갚는 경우가 드물었다.

그 후 상황이 달라졌다. 금리가 낮아지면서 중도에 대출금을 갚는 고객이 늘어났다. 그러자 중도상환수수료를 적용하는 은행이 생기기 시작했다. 1999년을 전후해서는 은행을 비롯해 보험회사 등에서도 이를 적용하고 나섰다. 지금 와서는 이를 적용하지 않는 금융회사가 없을 정도로 보편화되었다. 어쨌거나 이런 상황에서 기업은행의 선제적 결단은 큰 박수 감이다. 다른 금융회사도 따라 하면 좋을 것 같다.

힘들수록 부담되는 고금리 대출… 경제 회복 때까지만이라도 중도상환수수료를 면제케 해야

중도상환수수료 면제가 생소한 것도 아니다. 과거에도 금융회사가 대출 확대를 위해 자주 써먹던 방법이다. 지금은 경제도 어렵다. 국민이 힘든 시기를 보내고 있다. 경기침체에 코로나 팬데믹이 겹치면서 시중에 돈줄이 말라 있다. 돈이 돌지 않는다. 금융당국은 가계대출을 조이고 한국은행은 금리 인상을 벼른다. 신용경색으로 대출 부실이 늘면 금융회사에도 좋을 게 없다. 금융소비자의 위험이 금융공급자로 전이되어 동반 부실을 피하기 어렵다.

힘들 땐 금융비용이 부담된다. 급할 때 끌어다 쓴 고금리 대출이 가장 곤욕스럽다. 단돈 얼마라도 생기거나 낮은 이자로 돈을 빌려서라도 이자가 높은 대출부터 갚고자 한다. 그게 맘대로 안 된다. 중도상환수수료가 장벽이다. 한번 빌리면 다 갚을 때까지 높은 이자를 물어 가야 한다. 대출받을 때 한 약정인지라 어쩔 수 없다. 약관約款에 부동문자로 인쇄돼 있어 선택의 여지가 없다. 그저 울며 겨자 먹기로 따르는 수밖에.

이럴 때 필요한 게 정부다. 금융당국이 나서야 한다. 경제가 회복될 때까지만이라도 중도상환수수료 면제케 해야 한다. 금융은 투전판이 아니다. 화투나 트럼프 따위처럼 한번 내어놓은 패는 물리기 위해 다시 집어 들이지 못하도록 하는 '낙장불입'이 금과옥조일 수 없다. 더구나 금융회사는 대호황이다. 거래 고객은 죽어나는데 금융회사는 승승장구다. 2021년 상반기 5대 금융지주의 순이익이 9조 3,729억 원으로 2020년 상반기보다 45.6% 급증했다.

순이익 급증 요인은 가계 및 기업 대출자산 증가에서 찾을 수 있다. 한국은행의 '금융시장 동향'에 따르면, 2021년 9월 말 기준 은행의 가계대출이 1,052조 원, 기업대출이 1,049조 원에 이른다. 금리도 상승세다. 한국은행의 예금은행 가중평균 금리 추이를 보면, 2020년 말 가계대출 금리는 2.79%였으나 2021년 8월 3.1%로 올랐다. 따지고 보면, 이 모든 게 금융소비자가 희생한 결과물이다. 상생은 기업에만 필요한 게 아니다. 금융에 아주 긴요하고 다급하다. (2021. 10. 21.)

제5장
후진적 관치금융의 망령,
멀고 먼 '선진 경제'의 길

정책은 취지와 목적이 좋고 효과가 높아야 하나⋯ 추진 과정에서 의 정당성 확보 또한 중요

금융에 정부 간섭이 잦다. 대한민국 금융사는 관치의 역사다. "관官은 치治하라고 있다"라며 건방을 떨었다던 관료는 물러난 지 오래이나, 관치금융의 관행은 아직 건재를 과시한다. 관치금융이 란 정부가 금융을 지배하는 것을 뜻한다. 지난날 국가 주도의 경 제성장을 추진하면서 정부가 금융기관을 손안에 잡아 쥐었다.

1961년. 군사정부는 '금융기관에 대한 임시조치법'을 제정하고 '한국은행법', '은행법'을 개정했다. 금융을 행정부에 예속시킴으로 써 금리 결정, 대출 배분, 예산과 인사 등에 일일이 간여했다. 1980년대 이후 금융기관에 대한 임시조치법이 폐지되고 시중은행 의 민영화가 이뤄졌으나, 감독권 등을 통해 여전히 정부가 금융에 깊숙이 개입하고 있었다.

관치금융에 본격적 비판이 제기된 것은 IMF 사태 이후다. 외환위기로부터 시작된 경제위기는 금융시장에 큰 혼란을 가져왔다. 정경유착에 의한 자의적인 금융정책과 간섭이 경제 회생의 걸림돌로 지적되면서 전면적 금융개혁이 요구되었다. 정부는 은행의 인사와 대출에 관련된 사항을 자율화하는 등 시장경제원리에 입각한 금융정책으로 관치금융의 폐해를 없애기로 했다.

현실은 변하지 않았다. 정부가 금융기관에 사사건건 시시콜콜 간섭을 다반사로 해대고 있다. 그런 일이 최근에도 있었다. 금융위원장이 금융 관련 기관장들을 불러 모아 간담회를 열었다. 코로나19 사태 이후 대출금을 갚지 못한 개인을 대상으로 하는 '신용사면'을 논의했다. 말이 좋아 논의이지 지시임이 분명했다. 대통령이 "빚 상환 도중 연체가 생긴 개인을 위한 신용회복 방안을 마련하라"라고 지시한 데 따른 후속 대응의 성격이 짙었다.

정부가 금융을 장악하는 '관치금융'… 금리 결정, 대출 배분, 예산과 인사 등에 일일이 간여

앞으로는 코로나19 기간 중 발생한 개인이나 개인사업자의 소액 연체가 전액 상환되었으면 해당 연체 이력을 공유하지 않기로 했다. 신용평가CB사가 신용점수를 활용할 때 연체 이력을 활용하는 것도 막기로 했다. 관치의 효험은 빠르기도 하다. 미리 짜고 준

비라도 했던 듯 간담회가 열린 바로 다음 날 구체적 실행 방안이 나왔다.

은행연합회, 생명보험협회, 손해보험협회, 금융투자협회 등 전 금융권 협회와 신용정보원, 신용정보회사 등 총 20개 사가 모여 '코로나19 관련 신용회복 지원협약'을 체결하고 나섰다. 코로나 팬데믹 발생 기간인 작년 1월부터 이달 말까지 연체가 된 2000만 원 이하 대출금을 2121년 말까지 다 갚으면 연체기록을 남기지 않겠다는 세부 방안이 전광석화처럼 발표되었다.

지금까지는 연체 이력이 있으면 신용평가에서 불이익을 받았다. 대출이 거절되거나 금융거래 조건이 나빠질 수 있었다. 개인 채무자가 1개월 이상 대출 원리금을 상환하지 못하면 금융사는 금융협회, 신용정보원을 통해 다른 금융사들에 이런 사실이 공유되었다. '다중채무자'가 발생하는 것을 막으려는 취지였다. 개인이 대출을 갚아도 수 개월간 연체 이력이 유지되어 각 금융사의 신용평가에 활용되고, 상당 기간 이자율과 대출 한도 등에서 손해를 보았다.

사면에 일리가 있다. 취지에 공감이 간다. 코로나라는 불가항력의 외부적 요인으로 대출을 연체했으나 다 갚은 채무자는 구제할 필요가 충분하다. 이들이 성실하게 돈을 갚도록 유도하고 재기의 기반을 다지게 하는 것은 금융정책 본연의 역할이기도 하다. 그것도 무조건적 면책이 아니라 전액 상환자를 대상으로 하는 점에서 지원의 타당성이 한층 더 인정된다.

우려의 시각도 있다. 금융기관 신용평가체계의 근간을 무너뜨릴 수 있는 점이다. 대출금 연체가 발생해도 나중에 전액 상환만 하면 연체로 보지 않음에 따른 도덕적 해이가 예상된다. 금융기관끼리 연체 정보를 공유하지 않음에 따라 다중채무자가 많아질 소지가 없지 않다. 차주의 연체 이력을 보지 못하면 실제 존재하는 리스크를 금융사가 고스란히 떠안는 문제도 생긴다.

'코로나19 신용회복 협약'… 신용평가체계 무너뜨리고, 금융지율성 훼손하는 등 역작용 초래

수익을 좇고 위험을 피하는 게 돈 본래의 속성이다. 신용도에 따라 대출 규모와 금리가 달라지는 것은 금융의 기본 메커니즘이다. 이런 원리와 구조가 제대로 작동되고 유지될 때 돈의 흐름이 원활해지고 효율도 높아진다. 정부가 관치금융을 작동시켜 이런 물꼬가 막게 되면 한계기업을 존속시키고, 정상기업에 들어갈 자금을 줄이는 역작용을 부른다.

접근에도 지켜야 할 방식이 있다. '있는 연체를 없는 것으로 보라'는 거야말로 언어도단이다. 검은색을 흰색으로 보라는 것과 같다. 심하게 말하면 거짓말을 사주하는 격이다. 기왕 하려면 방식을 달리했어야 했다. 연체 사실이 있거나 다중채무자로 규제되어도 코로나에 기인한 경우에 한해서는 금융지원을 멈추지 말도록 금융기관에 권고하는 형식이 돼야 했었다.

그랬으면 신용평가체제가 흔들리는 일이 없었을 것이다. 채무자들 간 차별성과 형평성도 유지될 수 있었다. 연체 없이 대출을 성실하게 갚아 온 채무자는 이번 조치에 억울해 한다. 신용평가에서 연체자보다 유리한 평가를 받을 수 있었으나 상환 기록이 관리되지 않다 그런 기회를 잃게 된 셈이다. 결과적으로 연체를 한 사람이나 하지 않은 사람이나 똑같은 대우를 받게 되고 말았다.

모르면 몰라도 이번 조치를 금융기관이나 신용정보회사들이 반기지 않았을 것이다. 내심 불만이 컸으나 정부의 강압에 못 이겨 울며 겨자 먹기 식으로 따랐을 공산이 크다. 그랬다면 금융기관들 스스로가 자율성을 무너뜨린 책임이 작지 않다. 정책은 취지와 목적이 좋고 효과가 높아야 하나, 추진 과정에서의 정당성 확보 또한 중요하다. 후진적 관치금융의 오점이 경제선진국의 명성을 얼룩지게 하는 건 아닌지. 주제넘은 걱정이 앞선다. (2021. 8. 20.)

제6장
전통시장만도 못한 금융시장,
'가격표시' 불모지

공급자 일방이 정하는 금리, '부르는 게 값'… 그러고도 소비자에게 적용 금리 알리기 꺼려

가격표시의 역사는 오래되지 않았다. 얼마 전까지만 해도 시장에 가면 물건값을 흥정해야 했다. 귀찮고 성가셨다. 상인은 깎을 걸 대비해 값을 올려 불렀고, 고객은 다만 얼마라도 값을 깎아야 직성이 풀렸다. 1975년 변곡점을 이뤘다. 물가안정에 관한 법률 제3조가 시행되면서 이런 풍경은 차츰 자취를 감췄다. 사업자가 생산·판매하는 물품에 가격표시를 의무화하는 가격표시제가 강제된 결과였다.

현재 행하고 있는 가격표시제는 종전의 공장도가격 표시의무제, 소매가격 및 공장도가격 표시제가 1998년과 1999년에 각각 폐지되며 생겼다. 산업자원부 가격표시제 실시요령에 따라 판매가격표시제와 단위가격표시제로 구분된다. 판매가격표시제는 판매자가 일정 판매시점에 있어서 반드시 제품에 표시된 가격으로 판매한다는 것을 소비자에게 알리는 제도다.

제조업자가 판매가격을 정하는 기존의 권장소비자가격 제도와는 달리, 최종 판매업자가 실제 판매가격을 정해 표시한다. 공장도가, 권장소비자가, 판매가 등으로 나뉘었던 가격표시체계가 하나로 통일되었다. 소비자의 혼란을 줄이고, 권장소비자가격이 과도히 책정되어 합리적 소비가 이뤄지지 못하는 걸 막으려는 의도였다. 최종 판매단계에서 가격경쟁을 촉진하려는 취지도 담겼다.

단위가격표시제는 중량·수량 단위로 거래되는 품목에 대해 단위가격을 표시, 소비자에게 정확한 가격정보를 제공해 합리적 선택을 도모하기 위해 도입되었다. 상품의 용량, 규격 및 품질의 종류가 다양해 판매가격만으로 가격 비교가 어려운 품목에 표시할 수 있다. 가공식품, 일용잡화, 신선식품 등이 대상이다. '○○그램당 가격 ○○원' 등 소비자가 쉽게 알아볼 방법 또는 크기로 선명하고 명확하게 표시해야 한다.

공급자 기피로 정확한 금리 파악이 힘든 소비자⋯ 내라는 대로 내는 수밖에 달리 방도 없어

가격표시제 영역은 생각보다 넓지 않다. 물품 중에서도 중간재나 기계설비 등에는 원칙적으로 적용되지 않는다. 주로 최종소비재에 제한적으로 운용된다. 1999년 9월 일부 가전제품과 의류 등에 판매가격 표시제도를 도입한 후 대상 품목이 늘어났다. 2010년 7월에는 권장소비자가격과 실제 판매가격의 차이가 20% 이상인 가전제품, 의류, 식품 등 243개 품목에 대해 판매가격표시제를 시행했다.

금융시장은 전통시장만도 못하다. 가격표시 불모지다. 금융의 가격은 금리다. 금전을 사용한 대가로 원금액과 사용기간에 비례해 지급된다. 경제학에서는 자본용역資本用役의 제공에 대한 보수라고 점잖게 정의한다. 이토록 중요한 금리가 푸대접 신세다. 제대로 표시되지 않는다. 공급자가 밝히기를 꺼린다. 금융거래확인서에는 금리 표시가 공란이거나 '***' 등으로 블라인드 처리다. 금융상품에도 가격이 명시돼야 한다. 금융의 특수성을 고려하면 당위성이 뚜렷하다.

금리 결정은 공급자의 우월적 지위에 따라 불공정하게 이뤄질 공산이 크다. 금리는 돈을 빌려 쓴 사람이 적정한 비율로 지급해야 하나 실제는 그렇지 못하다. 영 딴판이다. 곤궁한 차입자의 처지에서는 높은 금리를 감수하고라도 돈을 빌리지 않을 수 없다. 이런 이유로 중세 유럽에서는 이자를 받고 돈을 빌려주는 것을 기독교 교리로 엄격히 금했다. 그 틈을 타 유대인은 대금업으로 큰돈을 벌었다.

근대로 접어들면서 분위기가 달라졌다. 계약자유의 원칙이 보편적 사회윤리로 자리 잡으면서 상호 약정에 따라 이자를 주고받을 수 있게 되었다. 그런데도 금리 결정은 공급자 일방의 주도로 이뤄지는 게 상례였다. 지금이라고 다를까. 교섭력이 미약한 소비자는 여전히 공급자가 정하는 금리를 그대로 따르는 실정이다. 부르는 게 값이다.

금융은 디테일이 열쇠… 큰 노력과 비용 안 들이고도 법 기준 뛰어넘는 세심한 배려 긴요

금리가 물품 가격과 다른 점은 또 있다. 변동성이다. 일반 재화나 서비스의 가격은 대개 구매할 때 정해진다. 금리는 꼭 그렇지 않다. 돈을 빌릴 때 이자율이 확정되는 고정금리 상품 말고도, 대출 후 이자율이 달라지는 변동금리 상품이 있다. 고객별로도 신용등급, 대출금액, 거래실적, 여신 취급경비 등 거래조건에 따라 적용 금리가 수시로 달라진다. 소비자는 자신이 부담하는 정확한 금리를 파악하기 어렵다. 내라는 대로 내는 수밖에 없다.

예금거래도 그렇지만, 특히 대출거래에서 가격표시제 도입이 절실하다. 표시방식도 어렵지 않다. 금리를 따로 표시해도 무방하나, 대출 명칭에 함께 적으면 더 편리할 수 있다. 예컨대 일반대출을 연 3.5% 이자율로 빌릴 경우, '일반대 0350'으로 표시하면 된다. 추후 이자율이 연 4.0%로 변동되면 '일반대 0400'으로 고쳐 표시하면 그만이다. 그래야 소비자가 자신이 부담하는 금리와 변동내용을 언제 어디서든 쉽게 확인할 수 있다.

금리가 표시되는 대출이 지금도 없는 건 아니다. 햇살론의 경우 명칭에 금리가 함께 표시된다. 최근 최고금리 인하에 따른 금리하락을 반영해 기존 햇살론17이 햇살론15로 변경 출시되었다. 금리가 연 17.9%에서 연 15.9%로 2% 포인트 낮춰진 사실을 변경된 명칭을 통해 개략적이나마 파악할 수 있다. 여기서 한 걸음 더 나가야 한다. '햇살론 1790', '햇살론 1590'으로 좀 더 상세히 표시되면 좋을 것이다.

작금의 금융시장에 소비자 보호의 움직임이 감돈다. 금융소비자 보호에 관한 법률이 새롭게 시행되었다. 만시지탄의 감이 없지 않으나, 오랜 기간 힘든 진통을 거쳐 탄생했다. 금융소비자의 기대감이 남다르다. 그렇더라도 법이 만능일 수 없다. 법 제정만으로 금융 현안을 처리하기 어렵다. '금리표시제'처럼, 큰 노력과 비용을 안 들이고도 법 기준을 뛰어넘는 세심한 배려가 되레 긴요할 수 있다. 금융은 디테일이 열쇠다. (2021. 7. 17.)

제7장
디딤돌 못 되는 디딤돌 대출,
보금자리 못 만드는 보금자리론

가계부채 억제와 내 집 마련, 두 마리 토끼 쫓는 모기지론… 치솟은 집값에 실효성 '글쎄'

양토실실兩兎悉失, '두 마리 토끼를 잡으려다 둘 다 놓친다'라는 뜻의 사자성어다. 여러 가지 일을 한꺼번에 추진하다 보면 다 성공하기 어렵다는 의미가 있다. 정부 정책이 영락없이 그렇다. 한쪽엔 약이 되나 다른 쪽엔 독이 되곤 한다. 양날의 칼이다. 정책을 만들 때 제반 사항을 고려하나, 완벽히 하기 어렵다. 예상치 못한 역기능과 부작용이 함께 나타나게 마련이다.

금융위원회가 가계부채 억제와 내 집 마련 지원의 두 마리 토끼를 쫓는 정책을 내놨다. 만 39세 이하 청년과 혼인 7년 이내 신혼부부를 대상으로 40년 만기 보금자리론과 적격대출을 시행했다. 한국주택금융공사가 공급하는 장기 고정금리 모기지론이다. 적격

대출은 9억 원 이하 주택을 담보로 최대 5억 원까지 받을 수 있다. 소득 요건은 없다. 대출금리는 3~3.84% 수준으로 보금자리론 (2.6~3%) 보다는 높다.

적격대출은 한정된 재원의 서민 우선지원 취지에 따라 총량을 제한한다. 이 때문에 은행별·시기별 한도 소진으로 상품 이용이 어려워질 수 있다. 보금자리론은 집값 6억 원 이하, 연 소득 7000만 원(신혼부부 8500만 원) 이하 가구가 대상이다. 대출한도를 3억 원에서 3억 6000만 원으로 약간 높였다. 지금까지 두 상품 모두 30년 만기였으나, 청년·신혼부부 대상으로 40년 만기로 늘린 것이다. 상환 부담을 덜어 주려는 취지에서다.

금융비용 부담이 한결 가벼워졌다. 보금자리론으로 3억 원을 빌려 6억 원짜리 주택을 샀다고 가정할 때 기존 30년 만기일 경우 매월 124만 원씩 갚아야 했다. 40년 주택담보대출이 도입됨에 따라 월 106만 원으로 줄어들었다. 청년층의 내 집 마련에 적지 않은 도움이 될 것으로 기대된다. 우려도 있다. 그러잖아도 악화일로에 있는 가계부채 증가에 기름을 부을까 걱정된다.

국내총생산GDP보다 높은 가계부채… 주택 가격 상승률, 미국, 독일 등 주요국 크게 앞질러

가계부채의 경고음이 커지고 있다. 한국은행 자료에 따르면 2021년 3월 말 가계신용은 1,765조 원, 전년 말 대비 9.5% 늘었다.

우리나라의 한 해 국내총생산GDP보다도 높다. 명목 GDP 대비 가계신용 비율이 104.7%에 이른다. 2020년 말보다 1.3% 포인트 높아졌다. GDP란 한 나라의 영역 내에서 가계, 기업, 정부 등 모든 경제주체가 일정 기간 생산한 재화 및 서비스의 부가가치를 시장가격으로 평가해 합산한 것이다.

한은은 금융안정보고서를 통해 부동산 시장 과열에 대해서도 경고했다. 수도권의 PIR은 지난 2021년 1분기 기준 10.4배까지 치솟았다. 봉급생활자라면 10.4년 동안 세금도 안 내고 월급을 쓰지 않고 모아야 수도권에서 집 한 채를 마련할 수 있다는 뜻이 된다. 소득 대비 주택가격 상승률을 보면 지난해 기준 한국이 12.7%로 단연 1위다. 미국(6.6%), 독일(6.9%) 등 주요국을 크게 앞지른다.

제도의 실효성도 의문이다. 실수요자를 만족시키기엔 역부족이다. 보금자리론 대출한도가 늘었으나, 주택가격 기준이 서울과 수도권의 오른 집값을 반영치 못한다. 서울에서 6억 원 이하 아파트를 찾아보기 어렵다. 금융위원회에 따르면 2021년 2월 기준 6억 원 초과 아파트가 83.5%나 된다. KB주택가격동향에 따르면 지난달 서울 아파트 평균 가격은 11억 4283만 원에 이른다. 중소형(60~85제곱미터) 평균도 10억 1262만 원으로 10억 원 선에 진입했다.

제도 도입의 취지를 무색게 한다. 보금자리론 집값 기준인 6억 원 이하는 2004년 책정됐다. 20년 가까이 지났다. 청년과 신혼부부 등 서민·실수요자에 정책금융 혜택을 누릴 수 있게 하려는 의도였다. 당시엔 일부 초고가 아파트를 제외한 서울의 대부분 아파트를 보금자리론으로 마련할 수 있었다. 서울 강남 대치동 은마아파트 전용 76.79제곱미터가 6억 초중반 대였다.

대출한도 늘었으나, 주택가격 기준이 오른 집값 반영 못 해… 실수요자 만족시키기에 역부족

정부라고 고충이 없었을 리 없다. 과열된 부동산 시장에 잘못된 신호를 줄까 봐 보금자리론의 집값 기준을 현실화하지 못했을 수 있다. 대출한도 확대를 놓고 정부가 '빚투'를 부추기는 게 아니냐는 비난을 고려했을 것이다. 은행들에 가계대출에 대한 위험관리 주문하고, 국민에게 가계부채의 위험성을 경고하면서 청년층에는 '더 많은 대출을 받아 집을 사라'는 게 앞뒤가 안 맞는 일이기 때문이다.

또 폭등한 부동산 가격, 금리 인상 조짐에 부동산 버블 가능성까지 언급되는 상황에서 대출한도를 늘리는 게 모순일 수 있다. 그러다 보니 가계부채 증가를 억제하면서 청년층의 내 집 마련의 사다리를 복원해야 하는 묘수를 궁리했을 것이다. 상충되는 두 목표를 달성하기 위해 대출총량을 제한하고 대출한도를 미세 조정하는 정도의 시늉만 냈을 것으로 유추된다. 실패한 부동산정책에 대한 성난 민심을 달래기 위해 금융 당국이 뒷수습에 나선 꼴이 되었다.

모기지론 시행이 집값을 더 불안하게 만들 수 있다. 젊은 층을 중심으로 4억~5억 원대 중저가 아파트 매수 붐이 일어날 여지가 있다. 그렇다 해도 이왕 큰맘 먹고 어렵게 출시한 초장기 주택금융인 만큼 긴 안목으로 추진해야 한다. 대상 주택의 시세 기준을 현실에 맞게 올리고, 대출총량을 늘려 수요의 폭을 넓히는 보완 조치도 뒤따라야 할 것이다.

대출 기간을 40년으로 늘린 게 꼭 좋은 일로만 볼 수 없다. 근로 현실과 괴리가 크다. 대다수가 60세 이전에 퇴사하는 상황에서 70세 넘어까지 매월 100만 원 넘는 원리금을 갚아야 하는 게 부담이다. 100세 시대라 하나, 현재 한국인의 평균수명은 83.3세다. 그나마 남성은 80.3세에 그친다. 앞으로 수명이 늘겠으나 지금 기준으로 보면 대출을 죽을 때까지 갚아야 한다. 세상에 태어난 목적이 채무상환이 아닐진대. 그놈의 빚 갚다 한평생 다 보내게 생겼다. (2021. 7. 2.)

제8장
'죽은 오리에 밀가루 바르기',
한계기업 무작정 도우라는 금융당국

힘든 기업 그냥 감싼다고 될 일 아니고… 부실 마냥 덮는다고 회생한다는 보장 없어

4·7 재·보궐선거가 끝나면서 레임덕 화두가 자주 회자된다. 레임덕은 임기 종료를 앞둔 대통령 등 지도자나 공직자를 일컫는 용어이다. 레임lame은 '다리를 저는, 절름발이'라는 뜻이다. 레임덕은 임기 만료를 앞둔 공직자의 통치력 저하를 기우뚱기우뚱 걷는 절름발이 오리에 비유해 일컫는 말이다. '임기 말 증후군'이나 '권력 누수현상'이라고 표현한다.

기실 레임덕만큼 위험한 게 없다. 주요 현안에 대한 정책 결정이 늦어질뿐더러, 공조직 업무 능률을 저하해 국정 공백을 일으키는 등 국가 전체에 악영향을 끼친다. 용어의 유래가 깊다. 18세기 런던 증권시장에서 시작되었다. 당시는 이 말이 빚을 갚지 못해 시장에서 제명된 증권거래원을 가리키는 말로 쓰였다. 주식시장에서 가격이 오르는 장세를 황소Bull에, 내려가는 장세를 곰Bear으로 표현하며, 채무 불이행 상태의 투자자를 절름발이 오리에 비유했다.

레임덕보다 더 심각한 권력 공백 현상을 가리키는 용어가 있다. '죽은 오리'라는 뜻을 가진 데드 덕Dead Duck이다. 이미 정치 생명이 끝난 사람, 가망 없는 인사 또는 실패했거나 실패할 것이 확실한 정책 등을 의미한다. 이 말은 19세기에 유행한 "죽은 오리에는 밀가루를 낭비하지 말라"라는 속담에서 유래한 것으로 알려져 있다.

슬프게도 우리나라 금융당국은 은행을 향해 "죽어 가는 오리에 밀가루를 바르라" 주문한다. 신종 코로나바이러스 감염증 쇼크로 신용등급이 떨어진 중소기업에 대한 대출 심사에서 신용도를 깎지 말라고 요구하고 나섰다. 금융위원장은 "불가피하게 신용등급이 하락한 기업에 대해서는 대출한도, 금리 등에 미치는 영향이 최소화되도록 하겠다"라고 밝혔다. 부실 사업자에 계속 자금을 빌려주고 금리도 올리지 말라는 의미로 금융계는 해석하는 눈치다.

한계기업 신용등급 낮추지 말라는 건 부실기업에 대출하라는 말… 금융 부실 부추기는 치명타

코로나 쇼크로 어려움을 겪는 기업들의 부담을 덜어 주려는 금융당국의 고심은 충분히 이해된다. 코로나 위기는 특정 분야의 산업만 겪는 어려움이 아닐뿐더러, 우리나라만 겪는 고난도 아니다. 미세한 바이러스 앞에서 세계 경제가 무릎을 꿇고 말았다. 누구도 예상치 못한 사태였고 경기침체는 필연적이었다. 이런 상황에서 정부가 팬데믹으로 어려움을 겪는 중소기업과 소상공인을 도우려는 건 당연지사다.

다만, 빚이 늘어나는 게 걱정이다. 지금도 빚이 차고 넘친다. 민간부문의 빚이 전체 경제 규모의 두 배를 훌쩍 넘었다. 한국은행의 '금융안정 상황 보고서'에 따르면, 2020년 말 기준 명목 국내총생산GDP 대비 민간신용, 즉 가계·기업 부채잔액 비율이 215.5%로 추정되었다. 더 큰 걱정은 가계와 기업 모두 빚 갚을 능력이 시나브로 떨어지고 있는 점이다. 저소득층·영세기업일수록 한계상황에 몰릴 위험성이 커지고 있다.

가계부채도 작지 않다. 2020년 말 1,726조 1,000억 원으로 1년 전보다 7.9% 늘었다. 기업 신용 또한 2,153조 5,000억 원으로 10.1% 불었다. 자영업자 중 빚을 감당하지 못하는 고위험군으로 분류되는 자영업자는 지난해 말 19만 2,000가구로 늘었다. 빚이 있는 자영업자의 6.5%에 이르고 이들의 부채 규모만도 76조 6,000억 원에 달한다.

기업의 재무 건전성에도 비상등이 켜졌다. 2020년 부도 위험이 큰 '상환위험기업'은 전체 대상기업의 6.9%였다. 이들 기업이 보유한 금융 여신 비중은 전체 기업 여신, 403조 8,000억 원의 10.4%인 42조 원으로 증가세가 이어졌다. "각종 금융지원 정책에도 불구하고 취약업종을 중심으로 기업 채무상환 능력이 크게 저하되었다." "금융지원 조치 정상화 시점에 취약 부문의 신용 리스크가 한꺼번에 드러나지 않도록 유의해야 한다." 한국은행 지적이 귀에 따갑다.

'기업 지원'과 '건전 금융'의 두 마리 토끼 다 잡으려면… 한계기업 모두를 안고 갈 수 없어

한계기업 중에는 경영실패로 벼랑에 몰린 곳도 있으나, 코로나19 상황에서 곤경에 처한 기업들도 적지 않다. 후자 기업들에 대해서는 정부가 지원의 손길을 펼치는 게 마땅하다. 그러자면 기존의 여신 방식으로는 한계가 있을 수 있다. 방식을 달리해 지원할 필요가 있다. 신용보증기금을 통해 특례보증 지원을 늘리고, 사업성이 유망한 기업에 대해서는 신용평가 기준을 달리 적용하는 방안 등이 고려될 수 있을 것이다.

다급해도 금융의 자율성과 건전성을 해쳐선 안 된다. 정부가 신용평가에 개입하는 건 위험하다. 금융의 본질에 반한다. 신용평가는 금융공급자의 자율 사항이다. 어느 기업에, 얼마의 돈을, 어떤 이자로 빌려줄 것인지는 은행이 자체 신용평가를 통해 결정할 일이다. 한계기업의 신용등급을 낮추지 말라는 것은 정상기업으로 가야 할 돈을 부실기업으로 흘려보내라는 말이나 다름없다. 금융 효율을 떨어뜨리고 여신 부실을 부추기는 치명타가 될 수 있다.

기업 지원과 건전 금융의 두 마리 토끼를 다 잡아야 한다. 방법은 나와 있다. 한계기업 모두를 안고 갈 수 없다. 옥석玉石구분이 필수적이다. 부실의 정도를 파악해 회생이 힘든 곳은 힘들어도 정리해야 한다. 지금 하기 힘들다고 주저하면 나중에 뒷감당이 어렵다. 대출 은행은 물론 금융권 전체가 위기에 빠지고 만다. 1997년 외환위기도 그래서 왔다. 부실 처리, 은행도산, 구조조정, 대량실업 등 엄청난 사회적 비용과 대가를 치른 기억이 지금도 생생하다.

한계기업을 무작정 감싼다고 될 일이 아니다. 부실을 마냥 덮어준다고 회생한다는 보장이 없다. 위기를 깨닫지 못해 재기할 기회를 놓칠 수 있다. 대출금 상환 유예, 무차별적 자금지원이 뚜렷한 성과를 못 거뒀던 과거지사도 돌아봐야 한다. 기업의 도덕적 해이도 막아야 한다. 경영난을 정부 탓으로 돌리는 적반하장은 안 된다. 레임덕, 데드 덕 취급을 안 당하려면 기업 스스로 뼈를 깎는 자구노력을 기울여야 한다. 가망 없는 기업에 발라줄 '밀가루' 금융은 없다. (2021. 4. 15.)

제9장
백가쟁명 가상화폐,
대세 인정하고 대책 내놔야

시장은 커졌으나 관리는 사각지대… 성급한 결론보다 심층 검토 와 창의적 대안 궁리해야

고사성어故事成語, 옛이야기에서 유래된 한자 관용어는 늘 흥미 롭다. '고사'란 옛날의 일, '성어'는 옛사람들이 만들어 낸 용어를 뜻한다. 단어 길이는 네 글자가 가장 많으나, 짧게는 두 자부터 길 게는 열두 자에 이른다. 비유적 내용을 함축한다. 교훈·경구·비유· 상징어 및 관용구나 속담 등으로 쓰여 언어생활에서의 표현을 풍 성케 한다.

고사성어가 많이 배출된 시기로 중국 고대의 춘추전국시대가 꼽 힌다. 세계사에서 유래를 찾기 힘들 만큼 다양한 국가와 문화, 인 물과 철학이 다퉜던 시기다. 수많은 영웅과 호걸들이 권력을 겨뤘 다. 또 그만큼 다양한 학문과 철학이 등장했다. 후대는 이런 학파와 학자들을 가리켜 제자백가諸子百家라 부르고, 다양한 학문과 철학의 분파가 토론하고 경쟁하는 모습을 백가쟁명이라 일컫는다.

21세기 백가쟁명은 가상화폐를 두고 벌어지고 있다. 용어부터 혼선이다. 암호화폐, 가상화폐, 가상자산, 코인까지 중구난방이다. 법과 국제기구, 업계의 호칭이 제각각이다. 특정금융거래정보의 보고 및 이용 등에 관한 법률은 가상자산으로 명명했다. 국제자금세탁방지기구FATF는 버추얼 애셋virtual asset의 용어로 정의했다. 블록체인 업계는 글로벌에서 가장 많이 이용되는 크립토커런시crypto currency, 즉 암호화폐의 명칭이 적합하다는 주장이다.

개념 정의도 나라별로 다르다. 독일은 은행법에 가상화폐를 금융상품으로 규정한다. 일본도 금융상품거래법에 암호자산을 금융상품의 하나로 명시한다. 미국은 증권거래위원회 등 기관마다 다른 규정을 적용하나, 가상화폐가 일정 조건을 충족할 때 금융상품으로 간주하는 규정이 있다. 이들 국가가 금융상품의 범위 안에 넣은 것은 투자자 보호나 과세 등의 이유에서다. 반면 국제회계기준위원회는 2019년 가상화폐가 화폐도 금융상품이 아니라는 해석을 내놓았다.

용어부터 혼선, 암호화폐, 가상화폐, 가상자산까지 중구난방… 개념 정의도 나라별로 제각각

혼란스럽기는 우리 정부도 마찬가지다. 경제부총리는 "정부는 암호화폐나 가상화폐가 아닌 가상자산이란 용어를 쓴다"라며 "자산에 대해서는 결국 투자자의 판단이 제일 중요하다"라고 말했다. 금융위원장은 "내재가치가 없는 가상화폐 투자자까지 정부에서 다 보호할 수 없다"라고 언급했다. 이해를 돕기는커녕 암호화폐 구매가 '투자'인지 아닌지에 대한 혼란만 부채질한다.

정부 말대로 가상화폐가 금융상품이나 투자상품이 아니라면 모순에 빠진다. 구매를 '투자'로, 구매자를 '투자자'라 부르면 안 된다. 일반상품 소비로 봐야 한다. 그렇게 되면 가상화폐 거래는 전자상거래 소비자보호법, 약관규제법, 방문판매 등에 관한 법, 공정거래법 등으로, 거래소는 전기통신사업법을 적용해야 한다. 횡령이나 펌핑pumping은 형법상 사기로 처벌해야 한다. 이마저 않고 있는 정부로서는 직무유기라는 비난만 받게 생겼다.

가상화폐 난립이 어지럽다. 2017년 이후 국내에서 가상화폐 공개ICO가 금지되자 영리한 사업자들이 가만있지 않았다. 싱가포르 등 해외에서 화폐를 발행, 국내에서 유통하는 편법을 써 왔다. 국산 가상화폐가 우후죽순으로 늘어난 이유다. 가상화폐거래소에 상장된 코인이 미국이나 일본보다 많아졌다. 업비트에 상장된 가상화폐는 178개나, 미국 최대거래소 코인베이스는 58개에 그친다. 일본 최대 가상화폐 거래소 비트플라이는 5개에 불과하다.

시장은 커졌으나 관리는 사각이다. 가격 변동에 따른 피해자가 속출한다. 피싱 사기가 횡행한다. 가상화폐를 일정 기간 거래소에 맡겨두면 가상화폐로 이자를 주는 스테이킹staking이 성행한다.

2030 청년층에 더해 10대와 50~60대까지 투자 대열에 합류한다. 출처 없는 정보로 수익률을 올려 준다는 '리딩방'이 기승을 부린다. 대북 제재로 외화벌이가 막힌 북한이 해커부대를 동원해 가상화폐를 탈취하는 일까지 벌어지며 안보까지 위협받는 지경에 이르렀다.

건전한 거래환경 마련과 투자자 보호 시급… 제도권 내로 끌어들여 체계적 관리가 해법

환경과 질서가 바뀌면 인식과 대응이 달라져야 한다. 가상화폐에 대한 성격 규명이 급선무다. 투자자 보호를 위한 대책 마련도 시급하다. 암호화폐든 가상자산이든 자산가치가 있는 건 분명한 만큼 투자자 보호는 필수적이다. 특금법 개정으로 가상자산사업자의 등록 요건과 의무 규정이 신설되긴 했다. 자금세탁방지 등에 초점이 맞춰져 있는 게 흠이다. 해킹, 화폐 도난, 개인정보 유출, 거래소 파산 등의 피해 구제방안은 미비하다.

코인 광풍을 투기로 단정하고 규제로 해결하려는 시도가 답답하게 느껴진다. 잠깐 지나갈 바람이 아니라, 거스르기 힘든 대세로 자리 잡는 분위기다. 투자은행 JP모건은 암호자산 펀드 출시를 결정했다. 전기차 제조사 테슬라는 비트코인을 결제 수단으로 수용을 발표했다. 비자카드, 마스터카드, WeWork 등 많은 기업이 암호자산을 결제 수단으로 받아들이기 시작했다. 비트코인 시가총액이 1조 달러를 넘고, 국내에서도 가상화폐 거래대금이 코스피를 추월했다.

건전한 거래환경 조성과 투자자들이 볼 위험을 막아야 한다. 가상화폐를 꺼리고 피하는 게 능사가 아닐 터. 주식이나 채권 등 유가증권처럼 제도권 안으로 끌어들여 관리하는 게 현실적 대안이 될 수 있다. 더구나 지금이 어떤 상황인가. 집값 급등에다 자산 증식의 길이 막힌 젊은이들이 가상화폐 투자에 몰입하고 있다. 투자자 수가 400만 명, 직장인 10명 중 4명에 이른다는 조사 결과가 나왔다. 이런 현실을 방치했다가 빚어질 결과를 어찌 감당할 것인가.

난제일수록 진중해야 한다. 현실을 바로 보고 미래를 내다보는 큰 안목이 절실하다. 성급한 결론보다 심층적 검토와 창의적 대안을 궁리하는 게 지혜롭다. 노파심은 따로 있다. 경제원리에 정치논리를 대입할까 그게 걱정이다. 정치권이 선거를 의식, '코인 민심' 달래기용으로 써먹을 생각일랑 추호도 해서는 안 된다. 사자성어를 들어 결론짓자면, 백가쟁명보다 전심치지專心致志가 낫다. 마음을 다하고 뜻을 다하면 안 될 일이 무언가. (2021. 5. 7.)

제6부

의식과 행태:
자존심으로 경영하라

크게 생각하면 큰일이, 좋게 생각하면 좋은 일이 생긴다

제1장
국민이 '궁민窮民' 되면 선거 따윈 하나 마나

대통령 선거가 중요한 이유… 국민이 정신 차려야, 좋은 지도자 뽑고 좋은 나라 만들어

나이가 들수록 친구가 좋다. 코로나19로 모이기 힘들어지자 SNS 단체대화방에 불이 난다. 서로의 안부를 묻고 각자의 소소한 일상을 전한다. 자신의 여행 사진을 올리고 떠도는 동영상을 퍼 나른다. 다정도 병病인 양, 도가 높아지면 마가 낀다. 정치적 발언이 오가다 보면 사달이 나고 만다. 염증을 느낀 일부 회원이 이탈하며 대화방이 폐쇄 위기를 맞는다. 몇몇 중재로 대화방이 가까스로 유지되나 한동안은 개점 휴업 상태다.

어딜 가나 누굴 만나나 정치가 말썽이다. 선거가 다가오면 민심이 사분오열이다. 대선주자들은 저마다 얼굴 알리기에 분주하다. 언론은 할 일도 없나 보다. 정치권의 말 한마디 한마디, 일거수일투족에 촉각을 곤두세운다. 별것도 아닌 걸 특종 뉴스로 전하며 호들갑을 피운다. 자극적 촌평까지 곁들여 민심을 들쑤신다. 돈벌이에 눈먼 유튜버들은 '아니면 말고 식' 폭로를 일삼는다. 정치판이 난장판이다.

후진 정치에 하도 데어서인지, 선진 정치에 대한 기대감이 너무 커서인지, 대선주자들에 큰 믿음이 안 간다. 다들 학식과 경륜이 출중하나, 말과 행동거지를 보면 그 나물에 그 밥으로 보인다. 자기 아니면 나라가 망할 것처럼 떠들어대나, 정작 내놓는 공약들은 허접하기 짝이 없다. 인제 와서 출중한 인재가 하늘에서 뚝 떨어질 리 없고, 출마자들이 앞으로라도 잘하기 위해서는 아쉬운 점을 한 번쯤 돌아볼 필요가 있다.

강점 제시보다 약점 캐기에 능하다. 자신의 장점을 내세울 게 없어서인지 상대의 단점 들추기에 열심이다. 막장 네거티브가 따로 없다. 바지 논쟁, 배신자 누명, 적통 싸움, 백제 발언 등 민망한 용어들을 자주 구사한다. 표에 도움이 되면 할 소리 못할 소리 가리지 않을 태세다. 자녀 입양의 선행까지 공격해 댈 정도. 명색이 한 나라의 최고지도자를 뽑는 선거인데 품격이 말이 아니다. 동네 이장 선거도 이러지는 않는다. 애들 배울까 겁난다.

대선주자들 '그 나물에 그 밥'… 자기 아니면 세상 망할 것처럼 떠드나, 내놓는 공약은 허접

꼼수가 전략을 대신한다. 정치공학적 유불리와 손익계산은 어찌 그리도 능한지. 재난지원금을 누구에게 얼마를 주면 지지도가 올라갈지, 어떻게 갈라쳐야 내 편으로 세력이 결집할지, 경선 일정을 얼마만큼 늦추는 게 유리할지, 누구와 단일화하면 최선일지, 언제 입당하는 게 유리할지 등. 궁리에 궁리를 거듭한다. 좋은 머리를 나쁜 데 쓰고 있다.

여야 간 공방이 살벌하다. 중선지의 십팔사략에 나오는 표현을 빌리자면, "입으로는 달콤함을 말하나 뱃속에는 칼을 감추고 있다□蜜腹劍." 한국 정치사를 정복의 역사로 이어 갈 기세다. 실제로 정권 교체 때마다 공직은 한낱 전리품에 불과했다. 전 정권 사람을 내치고 자기 사람을 앉히는 점령군 행세를 해 왔다. 정치는 '울타리 치기'와 같다. 울타리를 넓게 쳐 영역을 늘리기 위해서는 실한 말뚝이 많아야 한다. 부실한 말뚝을 쓰게 되면 울타리는 쓰러지고 만다.

감성이 감동을 앞지른다. 빈농의 아들, 소년공 출신, 고졸 신화 등 인간승리를 은연중에 내비치려 한다. 약자 코스프레다. 개인적으로는 장한 일이긴 하나, 이를 국정 수행 능력으로까지 연결 짓는 건 순전히 억지다. 가난했다고, 공장노동자였다고, 고등학교만 나왔다고 리더십이 뛰어날 리 만무하다. 휴먼스토리의 주인공이 대통령이 되면 더 잘한다는 보장도 있을 리 없다. 그런 지도자들을 벌써 여러 번 경험했다. 한물간 감성팔이에 감동할 자 많지 않을 것이다.

정작 큰 문제는 따로 있다. 경제가 정치에 발목 잡혀있다. 공정과 정의, 자유와 민주주의의 외침은 크나 경제 회생과 국리민복의 비전은 실종이다. 위드 코로나, 포스트 코로나 시대의 경제성장을 견인할 전략도 부재다. 폭등하는 집값을 어떻게 진정시키고, 낙후된 교육시스템을 어떻게 바로잡고, 말라 가는 연금을 어떻게 채울지에 대한 뚜렷한 대안이 없다. 경제 양극화, 청년실업, 저출산·고령화 등 구조적 현안에 대한 구체적 해결책도 내놓지 못하고 있다.

정치에 발목 잡힌 경제… 경제 회생의 비전은 실종, 포스트 코로나 시대의 성장전략도 부재

적폐 청산, 과거사 논쟁, 검찰개혁 등 정치적 과제는 웬만큼 해결되었다. 이제는 먹고사는 문제에 집중해야 할 때다. 눈을 들어 세상을 보라. 세계 경제가 코로나 전염병 쇼크에 빠져들고 있다. 경기가 일시적 회복 후 다시 침체하는 더블딥 공포가 엄습한다. 경제가 다시 무너지는 것 아니냐는 우려가 커진다. 한국 경제도 풀어야 할 난제가 산적해 있다. 코로나 극복과 함께, 경제회복, 일자리 창출, 저출산·고령화 대응 등의 숙제가 산지사방으로 잔뜩 널브러져 있다.

정치권은 여전히 철이 없다. 선거를 앞두고 '퍼 주기 경쟁'으로 아까운 시간을 허비하고 있다. 기본소득, 국민지원금, 손실보상금 등 현금 살포가 무차별적이다. 온통 선거에 정신이 팔려 있다. 국민은 안중에 없고 정권 잡기에 혈안이 되어 있다. 정치만 탓하기 어렵다. 국민도 반성할 점이 많다. 언행이 불일치하다, 평소의 생각과 선기 때 행동이 다르다. 막상 투표소에 들어서면 학연, 지연, 혈연에 쉽게 흔들린다. "우리가 남이가!" 못된 연고주의의 포로가 되곤 한다.

선거철마다 지급되는 재난지원금도 어쩌면 불감청고소원不敢請固所願일 수 있다. 우선 먹기는 곶감이 달다고, 주는 거니 못 이기는 척 받아 챙기려 한다. 삶이 고단하다 보니 국민이 아닌 궁민窮民이 되고 만다. 자기만 옳고 상대는 그르다는 독선도 지독한 고질병이다. 정치권이 쳐 놓은 프레임에 갇힌 줄도 모르고, 내 편 네편으로 갈려 부질없는 언쟁을 벌이곤 한다.

배웠다는 일부 지식층은 한술 더 뜬다. 한자리 얻어 보겠다고 정치판 여기저기를 기웃거리며 호시탐탐 줄 대기를 노린다. 국가지도자의 수준이 국민의 수준을 넘기 어렵다는 말이 그냥 생긴 게 아닌성싶다. 그렇다면 이 모든 정치적 혼돈과 도덕적 해이를 바로잡을 자 누구인가. 표 가진 국민뿐이다. 국민이 정신 차려야 좋은 지도자를 뽑고 살기 좋은 나라를 만들 수 있다. 유권자의 어깨가 새삼 무거워지는 이유다. (2021. 8. 2.)

제2장
군부대 부실 급식, 낮은 단가만 원인일까?

급식 문제를 돈으로만 따질 수 없어… 국가 안보와 병사 개인의 기본권 차원으로 접근해야

대한민국은 1인당 국민소득이 3만 달러가 넘는 경제 강국이다. 국내총생산GDP 기준 세계 9위의 경제 규모다. 부동산값 폭등으로 집 문제는 그렇다손 치더라도 입는 거나 먹는 것만큼은 아쉬울 게 없는 나라다. 이런 부자 나라에서 먹을 것이 없어 굶어 죽을 지경이라는 비명이 잇따른다. 소리의 진원지는 민간이 아니다. 한 해 예산으로 52조 원을 넘게 쓰는 군조직이다.

군부대의 부실 급식이 일파만파다. 온 나라가 떠들썩하다. 신종 코로나바이러스 감염증 예방을 위해 휴가 복귀 후 일정 기간 격리된 병사들에게 제공된 부실 급식이 발단이었다. 중부 지역 공군 부대의 한 장병이 휴가 후 격리 상태에서 배급받은 식단을 온라인 게시판에 올리면서 실상이 밝혀졌다. 사진 속 내용이 믿기지 않았다.

밥과 브로콜리 세 조각, 깍두기, 감자 1/4쪽, 고추장이 전부였다

이게 다가 아니었나. 다른 부대에서도 격리기간 동안 급식을 받지 못하는 일이 빈번했다는 제보가 빗발쳤다. 한 장병이 올린 사진에는 삼치 조림과 방울토마토, 멀건 국이 나왔다. 김치가 있었으나 쉰내가 너무 심해 결국 방울토마토로 배를 채웠다는 설명이 붙었다. 다른 병사는 격리기간 동안 배급받은 식사를 보고 "마치 감방에 온 느낌이 들었다"라며 절망감을 토로했다.

부실 급식과 배식 실패의 폭로, 이를 질타하는 분노의 인증이 한 달 넘게 이어진다. '배식 실패'란 급식은 부대 인원에 맞게 정상적으로 공급되었으나, 일선 부대의 관리 소홀 등으로 부실한 식단이 나간 경우를 말한다. '배식 수령 불량'은 해당 부대의 급양관이 식수 인원보다 부식을 부족하게 청구했다는 의미다. 급기야 청와대 국민청원 게시판에 격리 병사들의 처우 개선을 촉구하는 청원까지 올랐다.

국방부, 군 급식비 1만 원으로 서둘러 인상… 현상 파악도 없이 대책부터 내놓은 본말의 전도

부대 안팎에서는 부실 급식의 주범으로 낮은 단가를 꼽는다. 단가가 낮아 고기 등 주요 반찬이 조기 소진되고 다른 반찬의 질도 떨어진다는 것이다. 실제로 병사 1인당 급식단가의 수준이 형편없다. 1일 8,790원, 한 끼 2,930원에 불과하다. 서울시 초등학생

의 한 끼 급식단가 3,768원보다 838원이나 낮다. 중학생 한 끼 급식단가인 5,688원에 비하면 절반에 그친다. 한참 식욕이 왕성할 20대 청년의 식비가 어린 학생만도 못하다니. 누가 봐도 수긍하기 어렵다.

국방부가 서둘러 대책을 마련했다. '장병 생활 여건 개선 전담팀 TF' 출범 회의를 열었다. 군 급식비를 2021년 7월부터 1만 원으로 올리기로 했다. 기존보다 13.8% 인상이다. 애초 2022년부터 1만 1,000원으로 인상할 계획이었으나, 부실 급식 논란이 잇따르자 긴급 처방을 내렸다. 급식 수준 향상을 위한 급식단가 인상은 만시지탄의 감이 없지 않다. 문제는 방법론이다. 현상 파악도 해 보지 않고 대책부터 내놓는 게 본말의 전도라 할 수 있다.

원가계산도 없이 내달부터 1만 원, 2022년부터 1만 1,000원의 주먹구구식 일 처리가 미덥잖다. 문제가 생기면 대책부터 발표하고 서둘러 덮으려는 못된 버릇이 여전하다. 설익은 대책이 나올 수밖에 없다. 얼마를 들여야 질 좋고 맛있는 식단을 만들 수 있는지를 따지는 건 동네 식당도 다 하는 일이다. 하물며 혈세를 집행하는 정부가 이런 원칙을 지키지 않는다면 어찌 국민의 신뢰를 얻을 수 있겠는가.

원가 산정의 당위성은 현장에서도 확인되었다. 여당 대표가 육군 72사단을 찾았다. 밥과 반찬이 푸짐하게 나왔다. "이거 우리 왔다고 특별히 만든 건 아니죠?"라는 질문에 "아닙니다, 아닙니다"라는 답변이 나왔다. 처음 부실 급식 폭로가 나왔던 육군 51사단이 야당 의원에게 공개한 식판에도 삼겹살이 꽉 차 있었다. "국회의원 방문하니까 상다리가 휘어진다", "사단장 생일에도 저렇게 안 나오겠다", 비난성 댓글이 수백 개가 달렸다.

원가계산은 물론… 군납 비리 가능성, 조리인력 적정성, 식자재 조달체계에 대한 점검 필요

일부러 비싼 돈을 들여 전시용 식단을 만든 게 아니라면 얘기가 달라진다. 낮은 단가가 부실 급식의 원인이 아닐 수 있다. 재료비만 들어가는 군 식단의 특성상 지금 예산으로도 적정 급식이 가능할 수 있다는 계산이 선다. 그런데도 여당 대표는 이를 간과한 채 사과부터 했다. "2,930원의 급식 예산을 가지고 있다는 사실에 대해서 너무나 죄송하고, 그동안 국회와 국방부, 기재부가 뭐 했는지 자괴감이 든다"라며 고개를 숙였다.

못 믿어서가 아니다. 군납 비리 가능성, 조리인력 적정성, 배식 과정의 문제점을 살펴야 한다. 기존 공급자 중심의 식자재 조달체계도 점검해야 한다. 현재 장병 급식에 사용하는 농수축산물은 50여 년 전 농협과 맺은 협정에 따라 수의계약 방식으로 조달된다. 가공식품은 중소기업 제품을 주로 쓴다. 농가나 중소기업에는 도움이 될지 몰라도 장병들 입맛에 맞지 않아 상당량이 잔반으로 남는다. 잔반 처리비용만도 연간 110억여 원이 소요된다.

급식 문제를 돈으로만 따질 순 없다. 국가 안보와 병사 기본권 차원에서 접근하는 게 바람직하다. 의식주 가운데 가장 기본이라 할 수 있는 급식 문제도 해결하지 못하는 군대가 어찌 안보 역량을 발휘하겠는가. 한창 공부하고 일할 젊은이들을 2년가량을 사실상 무급으로, 그것도 제대로 먹이지도 못하면서 안보 태세가 과연 유지되겠는가. 당사자인 병사는 물론이고 자식을 군대 보낸 부모들 마음인들 또 오죽하겠는가.

본질을 흐리는 주장까지 말썽이다. 군 내부 사정이 외부로 알려져 군 기강이 흐트러진다는 자의적 해석이 횡행한다. 일부 사례만 갖고 마치 전체가 그런 양 침소봉대된 측면이 있다는 억지 주장이 고개를 든다. 사병에게 스마트폰 사용을 허용해서 생긴 결과라는 편견까지 설친다. 2차 가해들이다. 모르면 가만히나 있을 것이지 오두방정을 떤다. 남의 일이라고 함부로 얘기하면 안 된다. 어린애가 무심코 던진 돌에 개구리는 목숨이 위태롭다. (2021. 6. 10.)

제3장
정치권의 나이 논쟁,
"바보야, 문제는 실력이야!"

세대교체 열풍이 개헌론으로⋯ 정략 숨어 있으나 연령차별 해결의 실마리 된다면 호사다마

한국 정치는 세월이 가도 변함이 없다. 조금도 발전한 데가 없이 옛 모습 그대로다. 쓸데없는 싸움박질이 잦다. 이번엔 '나이 논쟁'이다. 정치권의 세대교체 열풍이 개헌론으로 옮겨붙고 있다. 대통령 출마 자격을 40세 이상으로 규정하고 있는 현행 헌법을 손봐야 한다는 것이다. 누가 정치인 아니랄까 봐 말도 잘 지어낸다. 대통령 출마 나이 제한을 40세 이상으로 규정했다 해서 '장유유서 헌법'이라 이름 붙인다.

국민의힘 경선에서 나타난 이준석 후보의 돌풍만 봐도 나이로 피선거권을 제한하는 건 무의미해 보인다. 36세 후보가 제1야당 대표가 될 수 있다면 마흔이 안 돼도 대통령이 될 수 있는 게 당연하다. 40세 미만 대통령 출마 불가의 조항이 박정희 전 대통령 때 만들어진 게 수상쩍다. 당시 40대였던 그가 젊은 경쟁자들을 배제하려 했을 것 같은 의심이 간다. 그래도 시대착오적 피선거권 연령차별을 해소, 한국 정치를 업데이트하려는 입장에 한 표를 보탠다.

늘 그렇듯 정치권이 순수치 못한 게 문제다. 개인 이익과 당리당략적 속셈이 숨겨지곤 한다. 주장에 설득력이 뒤지고 마음에 와닿지 않는 이유다. 프랑스 마크롱 대통령은 만 39세에 돌풍을 일으키며 대통령에 당선됐다는 사실이 남의 나라에서나 있을 법한 얘기로 들린다. 대한민국은 헌법에서부터 마크롱 정신이 태동하기 어려운 구조하는 주장에도 선뜻 공감이 안 간다.

필요할 때만 청년을 들러리로 세우고 곧바로 용도 폐기하는 기성정치의 오만과 이기심이 속 보인다. 나이 문제가 그토록 절실했다면 왜 여태껏 일언반구도 없이 입을 꾹 다물고 있었단 말인가. 내년 대선을 앞두고 슬그머니 화두를 꺼내든 몰염치를 어떻게 설명할 것인가. 그러고도 반성할 기색조차 없는 그들의 강심장과 두꺼운 피부가 부러울 따름이다. 좋은 머리로 잔머리를 굴려 대는 정치권의 행태에 이제 신물이 난다. 정말 지긋지긋하다.

정당 대표 경선에서 나타난 젊은 후보의 '돌풍'… 나이로 피선거권을 제한하는 건 '무의미'

우연히 전해 받은 SNS 한 소절이 눈에 든다. 나이가 주는 성숙을 그 무조록 나열한 게 정곡을 찌른다. "소크라테스의 원숙한 철학은 70세 이후에 이루어졌다. 철인 플라톤은 50세까지 학생이었다. 르네상스의 거장 미켈란젤로가 시스티나 성당 벽화를 완성한 것은 그가 90세 때였다. 폴란드 공화국의 총리를 지낸 파데레프스키는 70세 때 피아노 연주회를 열었다. 베르디는 오페라 〈오셀로〉를 80세에, 〈아베마리아〉를 85세에 작곡했다."

"미국의 부호 밴더빌트는 70세 때 상업용 수송선 1백 척을 소유했고, 83세로 죽기까지 13년간 1만 척으로 늘렸다. 문호 괴테는 대작 파우스트를 60세에 시작해 82세에 끝마쳤다. 미국 현대 화단에 돌풍을 일으켰던 해리 리버맨은 사업을 은퇴하고 나서 주변의 충고로 그림을 그리기 시작했다. 그때 나이 81세였고, 101세까지 22번의 개인전을 가졌다. 평론가들은 그를 '원시적 눈을 가진 미국의 샤갈'이라 극찬했다."

성공담, 그것도 한참 된 이야깃거리만 골랐다는 핀잔이 나올 법하다. 하지만 근자에 와서도 특히 정치권에서 노익장 과시의 예는 흔하다. 김대중 전 대통령은 70대 고령에도 직무를 성공적으로 수행했다. 조 바이든 미국 대통령은 1942년생으로 우리 나이로 올해 80세다. 스가 요시히데 일본 총리는 1948년생, 블라디미르 푸틴 러시아 대통령은 1952년생, 시진핑 중국 국가주석은 1953년생이다. 그래도 의욕과 기력이 젊은이 못지않다. 세계를 쥐락펴락한다.

리더의 자질을 나이로 판단하는 건 온당치 못하다. 절대적 기준이 절대로 될 수 없다. 나이가 무기가 되어서도 안 되지만, 흉기가 되는 것은 더더욱 금물이다. 중요한 건 나이가 아니라 실력 아닌가. 나이가 들면 경험이 쌓여 아는 게 많고 인맥이 넓으며 관리 능력도 뛰어날 거라는 믿음은 성립하기 어렵다. 나이가 한 살이라도 덜 먹어야 더 도전적이고 진취적일 것이라는 생각 또한 근거 없는 편견에 불과하다. 사람 나름이다.

저연령 차별 노골적… 선거·피선거권, 음주 흡연, 영화 관람 제한, 코로나 백신 접종도 뒷순위

연령차별이 무언가. 나이를 이유로 개인의 기회를 박탈하거나 소외시키는 사회적 이념과 행위를 뜻한다. 사회적 차별과 개인적 선입견의 표출이다. 차별은 주로 노인층을 대상으로 가해졌다. 고령화가 정신적, 육체적 차별의 빌미가 되곤 했다. 한마디로 나이 먹은 게 죄였다. 1969년 미국의 정신의학자인 로버트 버틀러Robert N. Butler가 '연령차별주의Ageism'라는 어휘를 고안하면서 사회 담론으로 등장하게 된 배경이다.

노인 차별의 역사는 뿌리가 깊다. 오랜 기간에 걸쳐 또 많은 사회를 통해 반복되어온 해악 중의 하나다. 고령화를 질병과 죽음과 연관 짓는 것을 당연시했다. 노인에 대한 돌봄을 무가치하게 여기고 등한시했다. 노령층의 무딘 기억력, 느린 움직임, 더딘 사고력을 깔보고 비웃기 일쑤였다. 기업에서 상품 판매의 촉진 수단으로 활용한 예 또한 적지 않았다.

정치권의 나이 논쟁은 이와 정반대다. 저低연령에 대한 차별이다. 나이가 적다는 이유로 가해지는 억압을 말한다. 돌아보면 법률과 행정을 통한 나이에 대한 통제와 제재가 노골적이다. 선거권과 피선거권의 제한뿐만이 아니다. 음주와 흡연, 영화 관람, 야간 컴퓨터 게임 등 일상에서 미성년자 보호를 구실로 개인의 자유를 억압하는 경우가 다반사다. 코로나 백신 접종에서조차 어린이와 청년들은 뒷순위로 밀려 있다.

성별, 장애, 학벌의 차별에는 그토록 분노하면서 나이 차별에는 이상할 정도로 둔감한 세태가 어지럽다. 그런 점에서 '꼰대 문화'의 상징이던 보수 정당의 대표 경선에서 젊은 정치인이 선전하는 현상은 나쁘게만 볼 일이 아니다. 나이와 선수選數가 문제 되지 않는 것 자체가 되레 혁신의 징조일 수 있다. 정치권의 나이 논쟁이 연령차별 해결의 실마리가 된다면 이만한 전화위복이 없다. 호사다마好事多魔로 알고 지켜봐야 할 것 같다. (2021. 6. 4.)

제4장
이건희 미술관 유치 과열,
문화예술 도외시한 '연고전緣故戰'

'사후관리는 사전 관리해야' 한다는 인식 심어져야⋯ 이 회장 유지 遺旨와도 부합되는 일

고故 이건희 삼성전자 회장은 심미안을 가졌다. 반도체 기술의 미래를 내다본 혜안과 함께 고도의 예술적 안목의 소유자다. 유족 측은 이 회장이 40여 년간 수집·소장해 온 미술품 2만 3,000여 점을 국공립기관에 기증할 뜻을 밝혔다. 문재인 대통령은 많은 국민이 작품을 감상할 수 있도록 별도의 전시실이나 특별관 설치를 주문했다. 문화체육관광부가 전담반을 꾸려 본격적 논의에 들어갔다. 발표가 나자 여러 지방자치단체가 미술관 유치 의사를 밝히고 나섰다.

분위기 과열 조짐이 보인다. 내세우는 명분과 이유가 제각각이다. 부산시가 발 빠르다. 미술관이 들어설 위치를 부산 북항으로 공식화한 가운데 민간차원의 유치위원회를 발족한다. 부산시장은 "부산 북항에는 새로운 랜드마크가 될 부산 오페라하우스가 건립 중인데, 그와 나란히 이건희 미술관이 들어선다면 시너지 효과가 엄청날 것"으로 자평했다.

대구시와 경북도가 손을 잡았다. 미술관 대구 유치를 위한 공조에 나섰다. 경북도지사는 "삼성이 대구에서 출발했고, 구미에서 삼성전자로 우뚝 섰다"라고 강조했다. 대구시장은 "1938년 호암湖巖 이병철 회장이 대구에서 삼성상회를 창업했고, 4년 뒤 이건희 회장이 대구에서 태어났다. 한국전쟁 당시 낙동강 방어선을 지켜 대한민국 근대미술의 기반을 다진 대구야말로 이건희 미술관의 최적지"임을 내세웠다.

세종시는 여러 이점을 나열했다. 전국에서 1시간 내 올 수 있는 국토의 중심부, 철도, 고속도로, 지하철, 공항 등 완벽한 교통수단, 5대 국립박물관 등 박물관 단지의 조성, 제2의 행정수도로서 수도적 지위에 버금가는 상징성 등을 강점으로 꼽았다. 오산시는 내삼미동에 당장 공사를 시작할 수 있는 3만 8,000여 제곱미터의 시유지를 확보했고, 관광단지 내 다양한 볼거리, 인천공항과 경부고속도로와 같은 교통 접근성 등을 유치 근거로 들었다.

경기도는 북부지역 미군 공여지에 미술관 건립을 정부에 건의했다. 경주시도 뛰어들었다. 신라 천년고도와 불교문화의 상징 도시로서 국내 최대 관광지라는 차별성을 제시했다. 신라 왕경 복원과 연계한 역사 문화도시, 국가균형발전 차원, 지방 중소도시의 상징적 의미를 강조했다. 경주시장은 경주이씨 종친회장을 만나 이를 논의하고, 그 뜻을 유족 측에 전하기로 했다.

이 회장 소장 미술품 2만 3,000여 점 기증 뜻 밝히자… 여러 지자체가 미술관 유치에 열 올려

경남 의령군도 가만있지 않았다. 삼성 창업주 호암 이병철 회장의 생가에서 이 회장이 할머니 손에서 자란 인연을 앞세워 미술관 유치에 나섰다. 생가 주변에 호암과 삼성을 붙인 명예도로명을 붙이기로 했다. 이병철 회장이 초등학교에 다녔던 경남 진주시도 미술관 유치에 적극적이다. 전남 여수시 또한 미술관 유치위원회가 구성되어 본격 유치전에 나섰다.

난리도 이런 난리가 없다. 논리부터가 하나 같이 비이성적이다. 예술이나 문화와 관련한 근거라곤 눈을 씻고 봐도 찾아보기 어렵다. 컬렉터의 기증 정신을 기리고 미술관의 명성을 드높일 방안에 대해 고민한 흔적이 안 보인다. 그저 자치단체 간의 실적경쟁으로 치닫는 양상이다. 예술과는 아무 상관 없는 이 회장과의 사적 인연이나 삼성과의 연고를 들먹이는 게 어이없다. 세계적인 예술품을 갖고 벌이는 연고전緣故戰이 볼품사납다.

한바탕 야단법석을 떠는 것은 미술관 건축이 자치단체장의 업적이 되기 때문일 수 있다. 그럴싸한 건물을 지어 대대적인 홍보에 나서려는 심산일지 모른다. 그러고 나서 나중에 '나 몰라라' 할까 그게 걱정이다. 이 회장은 미술관에 '보존과학' 관련 부서까지 만들어 첨단기술로 관리하게 했다고 한다. 유치에 나선 지자체들이 이런 사실을 과연 알고나 있는지, 궁금하다.

일단 미술관을 거창하게 지어 놓으면 이름값 때문에라도 삼성에서 무언가 도와줄 거라는 기대심리가 발동했을 수 있다. 최소한 관리 비용 정도는 지원받지 않을까 하는 염치없는 기대를 하고 있을지 모른다. 어찌 되었든 세계적인 예술품을 가져다 놓고 제대로 관리하지 못한다면 어떻게 될까. 생각만 해도 아찔하다. 노파심에서 하는 말이 아니다.

컬렉터 기증 정신 기리고 미술관 명성 높이려는 고민 없어… 단체장 치적용으로 변질된 양상

능력도 없이 덤비고, 전략도 없이 싸우려는 것 같아 왠지 불안하다. 아무리 훌륭한 계획도 사후관리가 제대로 뒷받침되지 않으면 성공하기 힘들다. 실패는 떼놓은 당상이다. 미술관 건축은 소설 쓰기에 비유될 수 있다. 소설에는 전반적인 개념, 플롯, 플롯을 움직이게 하는 창조적 아이디어의 3요소가 필요하다. 그리고 단어 하나하나를, 문장 하나하나를 공들여 써야 한다.

『무기여 잘 있거라』의 마지막 페이지를 서른아홉 번이나 고쳐 쓴 이유를 묻자, 헤밍웨이는 "적합한 단어를 찾기 위해 고쳐 썼을 뿐"이라고 대수롭지 않게 답변했다. '미술관을 관리하는 것'이나

'적합한 단어를 찾는 것'이나 중요성 면에서 차이가 있을 수 없다. 지극한 정성은 아무리 강조해도 지나치지 않는다.

정부는 이와 반대로 움직이곤 한다. 계획을 세울 때는 의욕적이나 사후관리에는 관심이 덜하다. 예산 관리만 해도 그렇다. 해마다 예산을 세울 때는 갖은 정성을 기울이나, 사후관리는 하는 둥 마는 둥 한다. 소요 시간 차이가 크다. 예산 절차는 연초부터 연말까지 일 년 가까이 걸리나, 결산 업무는 단 며칠 만에 해치우곤 한다. 생색은커녕 표시도 안 나기 때문이리라.

계획을 세우면서 사후관리까지 고려하면 일 추진이 번거롭고 방해될 수 있다. 일이란 잘될 거라는 믿음으로 추진해야 하는 터. 잘못되면 어쩌나 지레 걱정하다 보면 의지가 꺾이고 의욕이 떨어질 수 있다. 그렇다고 무작정 도전에 나섰다간 더 큰 낭패를 당하고 만다. 이번 미술관 선정이 '사후관리에 대한 계획은 사전에 관리해야 한다'는 인식이 심어지는 계기가 된다면 그만한 전화위복이 없다. 이 회장의 유지遺旨에도 부합되는 일이다. (2021. 5. 21.)

제5장
MZ세대의 무너진 희망,
취업·결혼·주거 고통 달랠 정책은?

**젊은 세대 무너지면 나라 장래인들 온전할까⋯기쁨과 즐거움에
가려진 슬픔과 노여움 살펴야**

신조어가 홍수다. 새로운 말을 잘도 지어낸다. 지금의 20~30대
를 MZ세대라 부른다. 정확히는 1980년대 초에서 2000년대 초까
지 출생한 밀레니얼 세대와 1990년대 중반부터 2000년대 초반까
지 태어난 Z세대를 통칭한다. 하나같이 참신하고 똑똑하다. 디지
털 환경에 익숙해 모바일을 즐겨 사용한다. 최신의 트렌드와 색다
른 경험을 추구한다.

유통시장에서 SNS를 기반으로 강한 영향력을 발휘한다. 소비의
신新주류로 부상한 이들을 붙잡으려는 시장의 노력이 필사적이
다. 자연 활동 성향의 이들에게 비싼 캠핑카를 팔고, 높은 입맛에
맞춰 커피와 빵을 고급화한다. 아무리 핫해도 똑같은 걸 싫어하

는 성향에 착안, '나만의 브랜드' 상술로 유혹한다. 이들이 사치를 즐기는 건 아니다. 되레 실사구시적이다. 무미건조한 학문은 사절이다. 읽고 바로 써먹을 수 있는 책을 고른다.

본인에 쓰는 돈은 아끼지 않는다. 소비가 아니라 투자로 간주한다. 스포츠와 여행을 즐기고 맛집 방문이 빈번하다. 피부관리를 자주 받고 외국어 학습에 열성적이다. 글보다는 영상에 익숙하다. 유튜브나 짧은 글을 주로 읽다 보니 긴 글은 부담스러워한다. 영화 한 편을 봐도 집중해서 보는 걸 성가시게 여긴다. 직장에서도 수평적 조직문화를 희망한다. 위에서 아래로 찍어 누르는 상명하달은 질색이다. 결재판을 없애고 모바일 보고를 원한다.

재테크에는 매우 적극적이다. 핀테크 등 새로운 조류에 빠르게 적응, 신종 투자를 겁내지 않는다. 투자의 간편성, 모바일 접근성, 소액 투자를 활용해 재산 불리기에 선도적이다. 2020년 주요 6개 증권사 신규 계좌의 절반 이상을 MZ세대가 차지했을 정도다. 가상화폐 투자자의 62%를 이들 세대가 점한다. 국내에서 벗어나 해외로, 주식에서 가상화폐와 P2P 금융, 부동산 지분 투자 등 이전 세대에겐 낯선 영역에 무모하리만큼 과감히 뛰어든다.

똑똑한 2030… 디지털 환경 친숙, 최신 트렌드와 이색적 경험 추구, 유통시장의 신新주류

개성적 소비를 즐긴다. 소유보다는 공유를, 상품보다는 경험을 중시하는 소비 성향이 두드러진다. 단순히 물건을 구매하는 데에서 그치지 않는다. 사회적 가치나 특별한 메시지를 담은 물건을 구매함으로써 자신의 신념을 표출하고 싶어 한다. 또 미래보다는 현재를, 가격보다는 취향을 중시, 소비 과시의 플렉스 문화와 명품 소비에 익숙하다.

여기까지가 MZ세대의 긍정적이고 밝은 면만 바라본 일반적 시각이다. 반쪽 이야기에 불과하다. 온전히 이해하려면 기쁨과 즐거움에 가려진 그들만의 슬픔과 노여움도 함께 살펴야 한다. 이면을 찬찬히 들여다보면 자화상의 일그러짐의 정도가 생각보다 깊고 크다. 바로잡고 손대야 할 부분이 허다한 걸 금세 알 수 있다. 그간 공론화하지 않았을 뿐이고, 아무도 고치려 나서지 않아 병이 깊어지고 커져 왔다.

MZ세대는 힘들다. 경제력부터 상대적으로 취약하다. 부모 세대보다 가난해지는 첫 번째 세대가 될 거라는 전망이 나온다. 이들에게 부족한 건 경제력뿐만이 아니다. 분노와 상실감 또한 작지 않다. 여태껏 열심히 살아왔건만 성과가 영 신통치 않다. 취직하고 결혼해 가정을 꾸려 아이를 갖고 내 집을 마련하는 평범한 꿈조차 이루기 버겁다. 일도, 밥도, 돈도, 집도, 꿈도 없는 '5무無 세대', 더 심하게 말하면 '전무全無 세대'로 전락하고 말았다.

MZ세대는 불운하다. 참으로 복도 없다. 할 것도 없고 되는 것도 없다. 취업 경쟁은 살인적이고 급등한 부동산은 언감생심이다. 결혼은 희망 사항에 불과하다. 돈벌이도 시원찮다. 인생 역전을 위해 '영끌' '빚투'에 나서지만, 이 또한 쉽지 않다. 그렇다고 손 놓고 있자니 벼락 거지 신세가 뻔하다. 때를 잘못 만난 탓도 있으나, 정책 실패, 제도 실패의 책임이 가볍지 않아 보인다.

MZ세대는 되는 게 없어… 취업 경쟁은 살인적, 급등 부동산은 언감생심, 결혼은 희망 사항

힘든 이들을 위로는 못 할망정 비난은 금물이다. 재테크 시장의 '큰손', 주식과 코인 투자의 '고수'라며 나무라선 안 된다. 집단보다는 개인의 행복을, 회사 생각보다 자기 삶을 앞세우는 걸 이기주의로 낙인찍으면 곤란하다. 경제적 독립을 이뤄 조기 은퇴하는 파이어족Financial Independence, Retire Early이 되려는 것도 나쁘게만 볼 일이 아니다. 그들이 그렇게 될 수밖에 없었던 연유를 찾아 바로잡아 주는 게 시대적 책무라 할 수 있다.

젊은 층이 느끼는 아픔과 고통의 이면을 보라. 미래에 대한 불안감이 웅크리고 있다. 청년실업으로 인한 고용불안과 소득 불안, 집값 폭등에 따른 주거 불안이 상당하다. 평생 벌어도, 억대 연봉 직업을 가져도 집 한 칸 장만하기 힘든 현실에 절망한다. 또 이런 환경을 조성한 기성의 경제질서에 대한 분노를 표한다. 미래 희망이 끊긴 이들이 보상적 소비와 투기적 돈벌이에 뛰어드는 건 어쩌면 당연한지 모른다.

미래세대에 대한 바른 이해와 정당한 평가가 더없이 절실하다.

난제일수록 긍정적 시각으로 바라볼 필요가 있다. 희생과 순종만을 강요하는 사회에 살면서도 이에 굴하지 않고 부당한 현실과 대우에 분노하고 저항하며 꿋꿋하게 살아가는 모습. 오히려 대견히 여기고 격려를 해야 한다. 열정을 갖고 독립적인 존재로 거듭나고자 하는 자각의 과정을 알아주고 보듬어 줘야 마땅하다.

이제라도 취업과 결혼, 주거 등 청년의 고통을 달래줄 수 있도록 정책 전환을 서둘러야 한다. 집값 안정에 정책의 최우선 순위를 둬야 한다. '수요 있는 곳에 공급 확대'라는 시장원리에 맞는 처방을 내려야 한다. 또 양질의 일자리와 안정적 소득기반을 제공, 젊은 세대가 건전한 노동을 통해 사회에 기여하고, 자아실현을 하면서 개인적 부도 축적할 수 있는 경제구조를 만들어야 한다. 청년세대가 무너지면 그들이 살아갈 나라의 장래인들 어찌 온전할 수 있겠는가. (2021. 5. 17.)

제6장
'안 가도 될 대학'이라니,
교육이 백년지대계인 걸 몰랐나

교육이 정치보다 중요한 이유… '어떤 사람이 되느냐'는 곧 '어떤 세상을 만드냐'를 의미

대학이 동네북 신세다. 여러 사람이 두루 건드리고 함부로 대하곤 한다. 경기도지사가 "대학을 안 가는 청년에게 세계여행비 1000만 원을 지원하면 어떤가"라고 제안했다. 경기도교육청, 중부지방고용노동청과 가진 고졸 취업 지원 업무협약에서 한 말이다. 고등학교를 졸업하고 취업하는 청년들에게도 많은 혜택을 주자는 의도로 읽힌다. 꼭 대학에 가지 않더라도 다른 방식을 통해 청년들에게 경험 축적의 기회를 주자는 취지로도 보인다.

말 속에 뼈가 있다. "현장에서 생산성이나 역량이나 하는 것이 정말로 중요한데 형식적인 학력이나 이런 것들 가지고 임금 차별을 하니 사람들이 안 가도 될 대학을 다 가느라고 국가 역량도 손실이 있고 재정적 부담도 커지고 어찌 보면 개인으로서 인생을 낭비한다는 측면도 있는 것 같아서 참 안타깝다"라는 대목이 왠지 귀에 거슬린다.

'안 가도 될 대학'이라니. 듣기 거북살스럽다. 대학 교육과 세계 여행을 직접 비교하는 것 자체가 대학과 교수, 학생들로서는 자존심이 상하고 오해를 살 만하다. 경제력이 모자라 대학에 못 간 사람들로서도 들어 유쾌한 소리는 아닐듯싶다. 되레 모멸감을 주는 차별적 발언으로 느껴질 수 있다. 벼랑 끝 상황에 있는 대학들의 형편을 생각하면 더더욱 적절한 언사는 아니다.

대학들이 위기다. 세계 최악의 저출산 여파로 학령인구가 크게 줄고 있다. 1970년대 초 연 100만 명을 넘었던 출생아 수가 지난해에는 27만 명으로 급감했다. 10년마다 20만 명 안팎의 연 출생아가 감소하는 인구 절벽 시대가 도래했다. 19년의 시차를 두고 이어지는 대학 신입생 감소의 현실이 절박하다. 올해 대학입학 정원 49만 2,000명보다 수능 응시자 수가 42만 6,000명으로 7만 명 가까이 모자랐다. 신입생 부족 사태가 본격화되고 있다.

대학에 안 가는 청년에 세계여행비 지원… 벼랑 끝 대학들 형편 생각하면 시의 부적절 언사

지방대는 존폐의 갈림길에 서 있다. 대규모 신입생 미달 사태를 맞고 있다. 상당수 지방대가 신입생 정원을 다 채우지 못했다. 지역 명문대로 통하던 국립대도 충원미달 사태를 피해 가지 못했다. 전국 각지의 10개 거점국립대 중 서울대를 제외한 9개교가 올해 추가모집을 해야 했다. 교육부는 전문대, 사이버대 등을 포함한 전체 대학의 미충원 규모가 2022년에 8만 5,000여 명, 2023년 9만 6,000명으로 늘어 2024년에는 12만 3,000여 명에 이를 것으로 내다봤다.

불똥은 수도권에도 튕긴다. 신입생 부족 사태가 수도권 대학들로 번지고 있다. "벚꽃 피는 순서대로 대학이 망한다"라는 속설은 이제는 통하지 않는다. "벚꽃이 전국에서 동시다발적으로 피고 있다"라는 농담이 나돈다. 2021학년도 수도권 대학의 추가 모집인원이 전년도 대비 50% 가까이 늘었다. 서울 소재 대학은 전년도보다 49% 늘어난 727명에 대한 추가모집에 나섰다. 경기·인천 지역도 47% 늘어난 1,502명에 대해 추가모집을 해야 했다.

정원 미달 사태가 지금처럼 계속되면 대학들이 버텨 내기 힘들다. 신입생 확보도 힘들뿐더러 어렵게 뽑은 재학생들도 휴학, 자퇴, 입대, 편입 등으로 줄어드는 이중고에 시달려야 한다. 2, 3, 4학년으로 학년이 올라가면서 강의실이 텅텅 비어 간다. 매년 7만 명이 넘는 학생들을 선발하는 서울 소재 4년제 대학들로서도 강 건너 불이 아니다. 입학생의 수가 30만 명대에서 20만 명대로 줄어들면 충원 곤란은 시간문제다.

정원 미달은 재정난으로 직결된다. 한국교육개발원KEDI 자료에 따르면, 경영 곤란으로 대학으로서 역할을 하기 힘든 '한계대학'이

전국에서 84곳에 이른다. 한계대학 대부분은 비수도권 소재 대학이나, 수노권 대학의 비중도 30% 가까이 된다. 재정이 어려워지자 교직원 인건비에 손을 댄다. 연구비 감축은 물론 비전임 교수로 교수진을 채우는 등 경비 절감에 나선다. 그 결과 교육의 질이 저하되고 이는 다시 학생 이탈을 부추기는 악순환에 빠진다.

교육의 가치를 생산성으로 측정하는 발상 '황당'··· 교육 소홀히 하면 미래에 대한 기대 '난망'

위기가 이제 겨우 '시작'이라는 게 문제다. 대학의 '생존 플랜' 모색이 시급하다는 목소리가 커지는 이유다. 대학지원금 예산으로 감당할 수 없는 난제라는데 정부로서도 고민이 크다. 이런 마당에 대학에 안 가는 젊은이에 대한 해외 여행비 지원을 불쑥 제안하다니. 불난 집에 부채질하는 격이다. 그럴 돈 있으면 '대학 안 가면'의 조건을 달지나 말든지, 아니면 그들을 대학에 진학시켜 등록금으로 지원하는 게 나을 성싶다.

교육을 가벼이 보면 안 된다. 교육을 소홀히 하면 미래가 없다. 가정에서 자녀를 가르치지 않으면 장래를 기약하기 어렵다. 우리가 이만큼 살게 된 것도 안 먹고 안 입으며 자녀 교육에 피땀 흘린 부모 세대의 공이 크다. 자원 빈국 대한민국이 전쟁의 폐허 속에서 한강의 기적을 이루며 세계 10위권 경제 강국에 오른 것 또한 높은 교육열이 배출한 우수 인적자원이 있었기 때문이다.

교육의 가치를 현장의 생산성으로 측정하는 발상이 황당하다. 교육에 대한 모독이다. 교육을 왜 백년지대계라 하는가. 성장에 맞춰 기다려 주고 능력에 맞게 지도하고, 미래까지 계획을 세워 준비해야 하기 때문이다. 교육제도가 장관이나 대통령이 바뀔 때마다 춤추는 현실이 안타깝다. 선거공약으로 오르내리는 것 또한 못마땅하다. 교육에 대한 전문성을 묻자 어릴 적 꿈이 교사였다는 교육부장관 후보자의 말에 학위증을 찢고 싶었다는 교육자도 있었다.

교육의 중심에는 학생이 있어야 한다. 세계가 인정하는 유대인 교육을 보라. 스스로 생각하게 하고, 질문하고 답을 찾는 과정에서 성장한다. 자발적 참여는 긍정적 효과를 낳아 자신만의 해답을 찾고 변화에 유연하게 적응한다. '어떤 사람이 되느냐'는 곧 '어떤 세상을 만드냐'를 뜻한다. 교육이 나라를 다스리는 것보다 중요한 이유다. 정치가 교육을 왈가왈부해선 안 된다. 백 년 넘게 걸려 자라는 느티나무를 여름 한철 길러 따 먹는 애호박 키우듯 해서야 되겠는가. (2021. 5. 13.)

제7장
그리스의 불과 광화문 촛불, 바람 어디서 부나

일부 규제 완화한다고 상황 반전될까⋯ 민심 풍향 잘 가늠, 난국 타개의 세찬 불길 내뿜어야

그리스의 불Greek fire, 들어 보셨나요. 천년 제국 동로마를 지켜 낸 수호 병기를 말한다. 액체 화약 무기로 도자기에 액체 화학물을 담아 투석기로 쏘거나, 관을 통해 목표물에 발사해 적함을 불태웠다. 자세히 알려면 역사를 거슬러 살펴야 한다. 5세기 게르만족의 침략으로 서쪽이 패권을 잃어 가도 동로마 황제는 서로마를 도울 수 없었다. 이민족들의 침입에 간신히 동방 지역에서 황제권을 수호할 뿐 서로마 탈환은 꿈도 꾸지 못했다.

6세기 유스티니아누스 황제 때야 옛 서로마 영토를 회복한다. 그러나 동로마는 유스티니아누스 황제 사후에 사산 왕조 페르시아와의 전쟁에서 국력을 지나치게 소모한다. 페르시아 역시 로마와의 잦은 전쟁으로 국력이 약화되고 651년 이슬람 침입으로 멸망한다. 최강 경쟁자인 이슬람 세력의 확장에 동로마는 제대로 대처하지 못한다. 이슬람이 북아프리카, 서아시아 대부분을 파죽지세로 정복하면서 동로마는 위기에 처한다.

674년 이슬람은 콘스탄티노플을 공격한다. 이때 동로마를 지켜낸 게 바로 그리스의 불이다. 그리스의 불을 장착한 동로마 함대는 해전에서 아랍 함대를 향해 무섭게 불을 토한다. 적 함대는 속수무책으로 불에 타 침몰한다. 이슬람교에 대한 신앙심과 약탈 의욕으로 뭉친 아랍 군대도 신무기를 못 당하고 679년 철수한다. 멸망 위기에 몰린 동로마는 그리스의 불로 기사회생하게 된다.

717년 이슬람은 콘스탄티노플을 또 침략한다. 이때도 그리스의 불은 위력을 발한다. 8만 군대와 1,800척 전함을 거느린 적을 잿더미로 만든다. 이슬람 세력은 다시 철수한다. 그 뒤 러시아 침략과 1108년 노르만 군대의 침략 때도 그리스의 불이 동원된다. 명실공히 제국 수호의 일등공신 역할을 해낸다. 14세기 화약이 실용화되기 전까지 이슬람 침략자에게는 공포의 무기로, 동로마군에게는 최강의 병기로 통한다.

광화문 촛불도 민심의 풍향 따라 움직여… 현 정부 초기에는 순풍, 4·7 재·보궐선거에서는 역풍

그리스의 불도 약점이 있었다. 액체 분사 무기다 보니 바람의 방향에 영향을 받았다. 바람을 등지고 싸울 때는 화력이 세졌으나,

바람과 맞설 때는 되레 아군 쪽으로 불길이 역행했다. 그리스의 불을 결정적으로 무력화시킨 건 대포였다. 장거리 사격이 가능한 대포가 발명되면서 근접전의 효용이 떨어졌다. 수명을 다한 그리스의 불은 동로마 멸망과 함께 역사 속으로 사라지고 말았다. 제조 방법조차 전해지지 못한 채.

대포 관련 일화가 흥미롭다. 헝가리 기술자 우르반이 콘스탄티누스 황제를 찾아 대포 제작을 제의한다. 값이 비싸다는 이유로 거절되자, 이번에는 오스만제국의 매흐메트 2세에 접근한다. 우르반 요구 금액의 4배가 지급되고 대포가 제작된다. 이렇게 만들어진 청동 대포는 콘스탄티노플이 자랑하는 난공불락의 3중 성벽을 뚫는다. 1453년 천년 역사의 동로마제국은 오스만제국에 패망하고, 세계 역사는 고대에서 중세로 접어든다.

그리스의 불은 광화문 촛불을 연상하게 한다. 2016년 10월. 박근혜-최순실 국정농단 사태가 드러나면서 대통령 하야를 촉구하는 촛불집회가 청계천에서 열렸다. 수많은 인파가 광화문광장까지 행진하며 정권 퇴진을 외쳤다. 23차례의 집회가 평화롭게 진행되었다. 부산, 울산, 전주, 제주 등 전국 대도시에서도 집회가 개최되었다.

집회-탄핵-선거로 이어지며 민주주의와 헌법의 가치를 실현했다. 정치 변화를 시민이 주도했다. 깨어 있는 다수 시민이 폭력을 수반하지 않은 평화적 시위를 전개했다는 점에서 의의가 컸다. 피 한 방울 흘리지 않고 부당한 권력을 심판하고 추방함으로써 세계

적인 관심과 주목을 받았다. 정치사적으로도 큰 의미를 부여받고
있다.

현실과 유리된 정책을 대대적으로 손보고⋯ 경제와 민생 살리는 새로운 비전과 전략 내놔야

불길은 바람에 좌우된다. 바람은 불규칙하게 부는 것 같으나,
실제로는 지역 간 기압차에 의해 일정한 방향으로 이동한다. 광화
문 촛불 역시 민심 풍향에 따라 움직인다. 문재인 정부가 출범하
고 한동안은 순풍에 돛을 단 듯했다. 대통령 지지도가 고공행진
을 이어 갔고 각종 선거에서 집권 여당이 연전연승을 거뒀다. 민
심의 바람은 한 방향으로만 불지 않았다. 4·7 재·보궐선거에서는
역풍으로 돌변, 여당에 참패를 안겼다. 성난 민심의 불길이 뜨거
웠다.

경제정책에 대한 불만이 크게 작용했다는 평가다. 선거 패배와
민심 이반의 주요 원인으로 부동산 문제가 꼽힌다. 실상이 그러하
다. 국민 다수가 '부동산 우울증'에 걸려 있다. 집 있는 사람은 무
거운 세금에, 집 없는 자는 급등한 전·월세금에 허리가 휜다. 평생
벌어도 집 한 칸 장만은커녕 전·월세금 대기도 벅찬 현실이다. 탄
식 소리가 곳곳에서 들려온다. 희망의 사다리가 끊긴 젊은이들이
'영끌' 부동산, '빚투' 주식, 가상화폐 투자에 올인하며 몸부림치고
있다.

불안한 눈으로 봐서인지, 정부가 갈피를 못 잡는 것 같다. 민심의 항방을 읽어 내지 못하는 듯하다. 내 집 마련이 꿈인 국민에다 대고 "월세도 살 만하다", "공공주택 공급을 늘리겠다"라는 동문서답을 이어 간다. "기존의 부동산 정책을 차질없이 추진하겠다"라며 마이웨이를 고수하려는 모양새다. 도대체 무슨 미련이 있어 개혁과 쇄신을 망설이며 엉거주춤하는지. 복장을 찧을 노릇이다.

일부 규제를 완화하는 미세 조정 정도로 달래질 민심이 아니다. 그리스의 불을 잠재웠던 '대포 급' 조치가 나와도 시원찮을 판이다. 국민 눈높이에 안 맞는 정책들을 서둘러 손봐야 한다. 부동산만이 아니다. 방역, 일자리, 조세, 교육, 저출산·고령화 등에 대한 새로운 비전과 전략을 국민 앞에 내놔야 한다. 그리스의 불은 사라진 지 오래이나, 그마나 광화문 촛불은 아직 불씨가 살아 있어 다행이다. 민심의 풍향을 잘 가늠, 난국 타개의 세찬 불길을 내뿜어야 할 때다. (2021. 5. 1.)

제8장
경제는 경쟁해도 되나,
백신으로 배신하면 안 돼

백신은 인류에 고루 돌아가야 할 만국 공용 자산… 마스크는 세계인 모두가 벗을 때 효과 봐

존 스타인벡은 미국을 대표하는 소설가 중 하나다. 1902년 캘리포니아주에서 태어났다. 교사였던 어머니 영향으로 어려서부터 성경을 비롯한 여러 인문 서적을 탐독했다. 이때의 독서 경험이 그가 집필한 소설의 주제나 플롯에 영향을 주었다. 스탠퍼드대학에 입학했으나 학업을 이어 갈 수 없었던 가난한 학도였다. 그래도 이 시기에 많은 문학작품을 접하며 작가의 꿈을 키웠다.

생활고를 이기지 못한 그는 결국 대학을 중퇴하고 신문 기자 생활을 시작한다. 시련은 계속된다. 지나치게 자유분방한 글을 쓴다는 이유로 해고를 당하고 만다. 생계를 위해 막노동을 해 가며 작품 활동을 이어 간다. 이후 작가로 데뷔, 에덴의 동쪽 등 뛰어난

걸작들을 다수 남긴다. 작가로서의 명성을 안겨 준 작품은 20세기 미국 사회소설의 고전으로 인정받는 장편소설『분노의 포도』다.

소설의 배경은 1930년대 미국의 대공황 시기이다. 수많은 농민이 토지를 떠나 유리하면서 겪게 되는 스토리가 전개된다. 작품의 주인공은 톰 조드라는 20대 초반 청년이다. 그의 가족은 미국 중부 오클라호마에서 몇 대 째 옥수수 농사를 짓는 농민이다. 아버지와 어머니, 노아라는 형과 앨이라는 남동생 그리고 로자샨이라는 여동생이 등장한다.

당시 미국 중부에는 극심한 가뭄과 모래 폭풍이 덮친다. 옥수수 농사를 망친 농민들은 금융기관에 빚진 채무를 갚지 못해 농토를 헐값에 팔고 고향을 등져야 하는 비참한 처지에 놓인다. 톰 조드의 가정 역시 같은 상황에 부닥치면서 풍요한 농토가 있다고 알려진 서부 캘리포니아로의 긴 여정에 오른다. 우여곡절 끝에 도착한 캘리포니아는 기대와 달랐다. 노동력이 과잉 공급되어 일자리를 찾기 어려웠다.

존 스타인벡, 『분노의 포도』로 드러내려 했던 바… 고난 극복의 저력이 공동체에 있다는 사실

몰려드는 이주민들로 기존 주민과의 갈등이 격심했고, 농장에서는 비인간적 착취가 횡행했다. 조드 일가는 오렌지 농장에서 일하게 되나 급여 착취가 계속되자 새로운 일자리를 찾아 나선다. 이와중에 톰이 살인을 저지르고 그 사실이 발각되면서 멀리 떠나게 된다. 이때 캘리포니아 일대는 큰비가 내리고 조드 일가는 고지대 헛간으로 피신하는 장면으로 소설이 마무리된다.

작가가 이 소설을 통해 드러내려 한 것 중의 하나는 고난을 극복하는 저력이 공동체에 있다는 사실이다. 작품에서 가장 강한 저력을 소유한 사람은 톰 조드의 어머니다. 그녀는 어떤 돌발 상황 속에서도 당황하거나 낙심하지 않는다. 모든 것을 잃더라도 가족만을 잃을 수 없다고 생각한다. 다 같이 모여 있을 때 어려움을 이겨 낼 수 있다고 믿는다.

어머니의 공동체 의식은 조드 일가가 헛간으로 대피하는 소설의 클라이맥스이자 마지막 장면에서 사실적으로 묘사된다. 그때 헛간에는 굶주림으로 죽어 가는 한 남자가 있다. 어머니는 출산한 지 얼마 안 된 자신의 딸 로저샨을 설득해 그 남자에게 젖을 먹이게 한다. 로자샨은 묵묵히 자신의 부어오른 젖가슴을 그의 입에 물린다. 주위를 둘러보며 신비스러운 미소를 지으며.

『분노의 포도』는 코로나 백신을 떠올리게 한다. 백신의 해외지원과 관련해 조 바이든 미국 대통령의 언급이 있었다. 미국이 보유한 신종 코로나바이러스 감염증 백신을 다른 나라에 보낼 만큼 충분하지 않다며 미국 내 접종에 집중하겠다고 밝혔다. 백신 부족을 겪고 있는 우리 정부가 미국에 '백신 스와프'를 요청했다는 사실이 알려진 지 이틀 만이다. 우회적 거부로 읽히는 대목이 아닐 수 없다.

코로나 속 '백신 정치화' 곤란… 국가 단위를 넘어서는 깁통석이고 엄숙한 꿍농제 의식 기대

바이든 행정부가 한국의 백신 스와프 제안을 사실상 거절하는 배경이 석연치 않다. 백신 수급 문제 외에 외교 안보적 상황에 관한 판단이 깔린 게 아니냐는 의문이 들게 한다. 네드 프라이스 미 국무부 대변인이 백신 수급에 대해 "캐나다, 멕시코 및 '쿼드 QUAD(미국 일본 호주 인도 4개국 안보협의체)'와도 논의해 왔다"라고 밝힌 것도 불길하다. 미국이 중국을 견제하기 위해 구축한 쿼드에 동참하지 않고 있는 한국에 대한 압박용이라는 해석이 나온다.

일본이 미일 정상회담 바로 다음 날 화이자로부터 백신 5000만 회분 추가 공급 약속을 받아 낸 점 또한 마음에 걸린다. 국내 언론은 미국이 해외에 백신 지원을 해도 캐나다·멕시코 등 인접국, 쿼드 참여국인 일본·호주·인도, 나머지 동맹 및 개발도상국의 순서로 진행하겠다는 의미로 풀이한다. 바이든 정부의 '백신 아메리카나 구상'에서 한국이 자칫 후순위로 밀릴까 우려된다.

세계 각국이 코로나 백신 확보에 사활을 걸고 있다. 이런 판에 '백신 대국' 미국이 풍부한 백신 물량과 원천 기술을 무기로 전 세계 국가들을 상대로 줄 세우기에 나서는 건 곤란하다. 미국 국익이나 전략에 따라 나라별로 백신을 지원하는 우선순위와 물량을 조절하려는 발상이라면 위험하다. 세계화 시대 상황에 부합되지 않을뿐더러 인도주의 정신에도 걸맞지 않다. 70년 혈맹인 한국에 대한 도리 또한 아니다. 어려울 때 친구가 진정한 친구 아닌가.

『분노의 포도』의 끝 장면처럼 국가 단위를 넘어서는 감동적이고 엄숙한 공동체 의식을 기대한다. 굶주린 자가 굶주린 자를 끌어안는 생명 연대의 소중함이 코로나 팬데믹에서도 발휘되기를 바란다. 인류가 대공황 이상의 숱한 어려움을 이겨 낼 수 있었던 데는 공동체 의식의 공이 크다. 나라 간에 경제는 경쟁해도 되나 백신으로 배신하면 안 된다. 백신은 인류에 고루 돌아가야 할 만국 공용의 자산이다. 마스크는 세계인 모두가 함께 벗을 때 효과를 본다. (2021. 4. 25.)

제9장
젊은이들 선망하는 '네카라쿠배당토직', 재주 많아야 부자 돼

변동성·불확실성·복잡성·모호성이 기본값인 'VUCA 시대'… 전문 영역 확대가 성공경영 열쇠

'네카라쿠배당토직'. 이런 말 들어 보셨나요. 낯선 외래어 같으나 순수 우리말이다. 크게 소리 내 읽어 보자. '네카라쿠 배당 토—직'. 재미가 있다. 네이버 카카오 라인 쿠팡 배달의민족 당근마켓 토스 직방의 앞 글자를 따서 만든 신조어다. 젊은이가 가장 가고 싶어 하는 직장들이다. 코로나 팬데믹 속에서 채용을 안 하거나 줄이는 판에 이들 기업만큼은 예외다. 되레 채용 규모를 늘리고 연봉까지 두둑이 올려 준다.

이들 '신神의 직장'이 찾는 사람은 대학에서 IT 관련 공부를 하고 심도 있는 연구까지 한 인재들이다. 비전공자들에게 문호를 개방 하지 않는 건 아니다. 인문계 출신도 IT 학과를 복수 전공하거나,

코딩학원에 다녀도 지원할 수 있다. 비싼 등록금 내고 대학을 다니면서 정작 필요한 것은 학원에서 배워야 한다니. 도대체 대학은 왜 다니고, 학생들에게 대학은 어떤 곳인지 다시금 생각게 한다.

언론은 경직적 교육행정을 탓한다. 학교는 필요한 학과의 정원을 늘릴 수 없고, 학생은 전공을 자유롭게 바꿀 수 없음을 꼬집는다. 현실과 유리된 대학 교육을 질책하는 전문가들도 있다. 틀린 말은 아니나, 맞는 말도 아니다. 대학이 취업을 위한 지식이나 기술만을 가르쳐야 한다면 심도 있는 지식 탐구나 학문 연구는 포기해야 할 터. 어떤 분야든 깊이 있는 지식을 쌓고 연구까지 하려면 오랜 기간이 걸린다. 추세만 따르려 하면 수박 겉핥기가 되기에 십상이다.

그나저나 정책이나 제도를 탓하는 버릇은 예나 지금이나 변함이 없다. 옛 모습 그대로이다. 다행히도 기업들은 꽤 다부지다. 사고와 행동이 상당히 진취적이다. '비전공자라도 상관없다, 뽑아서 개발자로 교육하겠다'며 채용 공고를 내곤 한다. 구직난과 구인난이 함께 빚어지는 상황에서 나온 궁여지책만은 아닌 듯싶다. 사업을 다변화·다각화하는 과정에서 새로운 기술이 필요해진 데 더 큰 이유가 있어 보인다.

비싼 돈 내고 대학 다니며 필요한 건 학원서 배워… 경직적 교육 행정, 비현실적 대학 교육 탓?

기업에서 전문성만큼 중요한 게 없다. 차별화된 경쟁력 확보의 핵심 열쇠가 된다. 기업에서 연구소를 만들고 인력을 양성해 전문지식을 쌓아도 빠른 기술변화에 대응한다는 게 말처럼 쉽지 않다. 첨단이 아니더라도 기존의 기술들을 융복합한 제품을 만들어내기도 솔직히 버거운 형편이다.

더 큰 고민은 따로 있다. 첨단기술로 화려하게 등장했다가도 자동화되거나 사물인터넷IoT, 인공지능AI, 로봇 기술 등과 접목되면서 순식간에 일상적 범용 기술로 전락하는 현실이다. 자고 나면 새로운 기술과 첨단의 제품들이 무더기로 쏟아진다. 소비자에게는 좋은 일이나, 기업들의 고민은 그만큼 커지게 마련이다. 자사의 전문 분야에 대한 깊이도 더해야 하고, 다른 여러 분야의 기술에 대해서도 상당 수준의 지식을 쌓아야 한다.

변동성Volatility·불확실성Uncertainty·복잡성Complexity·모호성Ambiguity이 기본값이 되어 버린 'VUCA 시대'. 기업은 전문영역을 부단히 넓혀 가야 한다. 이런 말 하면 격한 반론이 제기될 수 있다. 전문성이라는 게 오랫동안 이런저런 실패와 실수를 겪으며 갈고 닦아지는 법인데, 주어진 일을 하면서 다른 분야로 전문성을 넓혀 간다는 게 어디 쉬운 일이냐는 반박이 나올법하다.

지당하신 말씀이다. 하지만 그래도 해야 한다. 신기술 등장으로 기왕의 기술이 순식간에 역사 속으로 사라지는 것을 어찌 막겠는가. 기업이 달라지는 수밖에 없다. 개발업무 일부를 AI 등에 맡기고 신기술이나 다른 분야를 연구하고 사업화하는 데 더 많은 시간을 할애해야 한다. 진부화하는 기술만 의지했다간 믿는 도끼에 발등 찍히기에 십상이다. 치열한 경쟁환경에서 생존조차 보장받기 힘들다. 우물을 깊게 파려면 폭을 넓게 해야 하는 이치라고나 할까.

한 분야의 전문가 역할은 AI에 맡기고… 정형화 어렵고 지식 융합 필요한 사업에 집중해야

'네카라쿠배당토직'의 경영방식을 눈여겨볼 필요가 있다. 하나같이 전문성 확장을 발판삼아 사업 영역을 전방위로 늘려간다. 하나만 예로 들자. 택시나 대리운전 서비스를 운용하는 모빌리티 기업이 퀵 서비스 사업에 뛰어든다. 다국적 기업으로부터 거액을 투자금을 유치해 차량 정비, 세차, 중고차 판매 같은 신사업 확대를 서슴지 않는다. 사업 다각화를 통한 실적 개선으로 기업 가치를 높여 미국 나스닥 상장까지 추진한다.

유통업체 간의 최저가격 전쟁도 살 떨린다. 제품 가격은 물론, 배송가격 등이 포함되는 경우를 고려하는 무료배송 선언이 나왔다. 이에 뒤질세라 경쟁사보다 상품 가격이 더 비싸면 차액을 현금처럼 쓸 수 있는 'e머니'로 돌려주겠다는 발표가 등장했다. 장바구니의 기본이 되는 채소·과일·수산·정육·유제품과 쌀, 김 등 60여 가지 식품을 1년 내내 가장 낮은 가격에 판매하는 EDLPEvery Day Low Price 정책을 시행하겠다는 파격적 제안까지 출현했다.

시장 요구에 부응하고 차별화된 경쟁력 확보를 위해서는 전략 또한 남달라야 한다. 전문성은 확보의 수준을 넘어 확장과 확대로 이어져야 효과를 본다. '한 우물을 파야 한다'는 말, 이제는 '한 호수를 파야 한다'고 고쳐야 할 판이다. 시대가 변하면 경영상像도 달라진다. 한 분야만 깊게 파는 I자형에서, 한 분야의 전문성과 더불어 폭넓은 교양을 갖춘 T자형으로, 여러 분야에서 지식의 폭이 넓고 깊은 M자형 기업으로의 부단한 변신이 요구된다.

4차 산업혁명 시대는 변화가 상수常數다. 여러 분야의 재능과 지식의 통합 적용이 일상적이다. AI가 한 분야의 전문가들이 수행해 온 역할을 대체한다. 정형화가 어렵고 지식 융합이 필요해 AI 알고리즘으로 풀기 힘든 분야가 박학다식 기업의 캐시카우가 된다. 사람이라고 다를까. 100세 시대를 맞아 수명이 길어진 만큼 직업도 여러 번 바뀌게 된다. "재주가 12가지면 밥 굶는다"라는 말은 한낱 속담에 불과하다. 재주가 많아야 부자 되는 시절이 왔다.

(2021. 4. 20.)